究極のトレーニング

最新スポーツ生理学と効率的カラダづくり

東京大学大学院教授
石井直方
Ishii Naokata

講談社

はじめに

ここ10年余りの間に、健康、ダイエット、トレーニング、サプリメントなどへの国民の関心が急速に高まってきました。こうした現象は、少子高齢化にともなって、「自らの健康は自ら守らなければ」という危機意識が増大した結果ととらえることもできますが、一方では、「モノ」から「質」を求める段階へと社会が成熟してきたことを反映しているともいえるでしょう。半面、今やこれらに関する多種多様な情報が氾濫《はんらん》し、その中から真に有益な情報を選別することがむずかしい状況になりつつあります。

本書は、健康、運動、トレーニングなどについて、科学的根拠のある情報を提供することを目的として、『健康体力ニュース』（健康体力研究所刊行）という冊子のコラムに連載してきた記事を再編集したものです。１９９３年から休むことなく隔月で連載してきましたので、総数で80回以上、原稿用紙に換算すると４００枚以上になりますが、その中から66編を選び、テーマごとにまとめました。

改めて読み返してみると、含まれている情報の量と多様性には自分でも驚くほどで、科学者の目から見ても興味深い内容になっているものと自負できます。ただ、元が連載であるがゆえに、全体としての統一性が不十分であったり、同じ事象についての説明が繰り返し出てきたりするという欠点は解消しきれませんでした。また、今となっては古い知識となっていたり、後に否定的な見解が発表されたりしたものについても、現在進行形に近いかたちで述べられています。これらについては、むしろ十数年間の研究の進歩をリアルタイムで感じさせるような演出効果もあるため、あえて大幅な修正を行わず、オリジナルに近いかたちで掲載しました。

内容的には遺伝子からトレーニングの方法まで、広い範囲にわたっており、多少むずかしいテーマもありますが、あくまでも実生活や運動・トレーニングの現場での応用を念頭において書かれていますので、専門分野の研究者や学生から高校生ぐらいまで、幅広い層の読者に楽しんでいただけると思います。本書が、多くの方に「怪しげな情報に首をかしげる」ための基礎知識や、効果的な運動、トレーニング、ダイエットを行うためのヒントを提供することになれば幸いです。

本書を刊行するにあたり、株式会社健康体力研究所の野沢秀雄氏および西勝氏、有限会社プロランドの山本雅子氏に大変お世話になりました。この場をお借りして御礼申しあげます。

2007年8月

石井直方

※文中に出てくる「私たちのグループ」「私たちの研究室」などの表記は、東京大学大学院・生命環境科学系石井研究室のことです。

もくじ

第1章　筋のさまざまな性質を知る

CONTENTS

第2章 筋肉と運動の仕組みを知る

第3章　健康と運動を科学する

CONTENTS

CONTENTS

第6章 素質・体質を科学する

CONTENTS

人体の骨格&筋肉【前面】

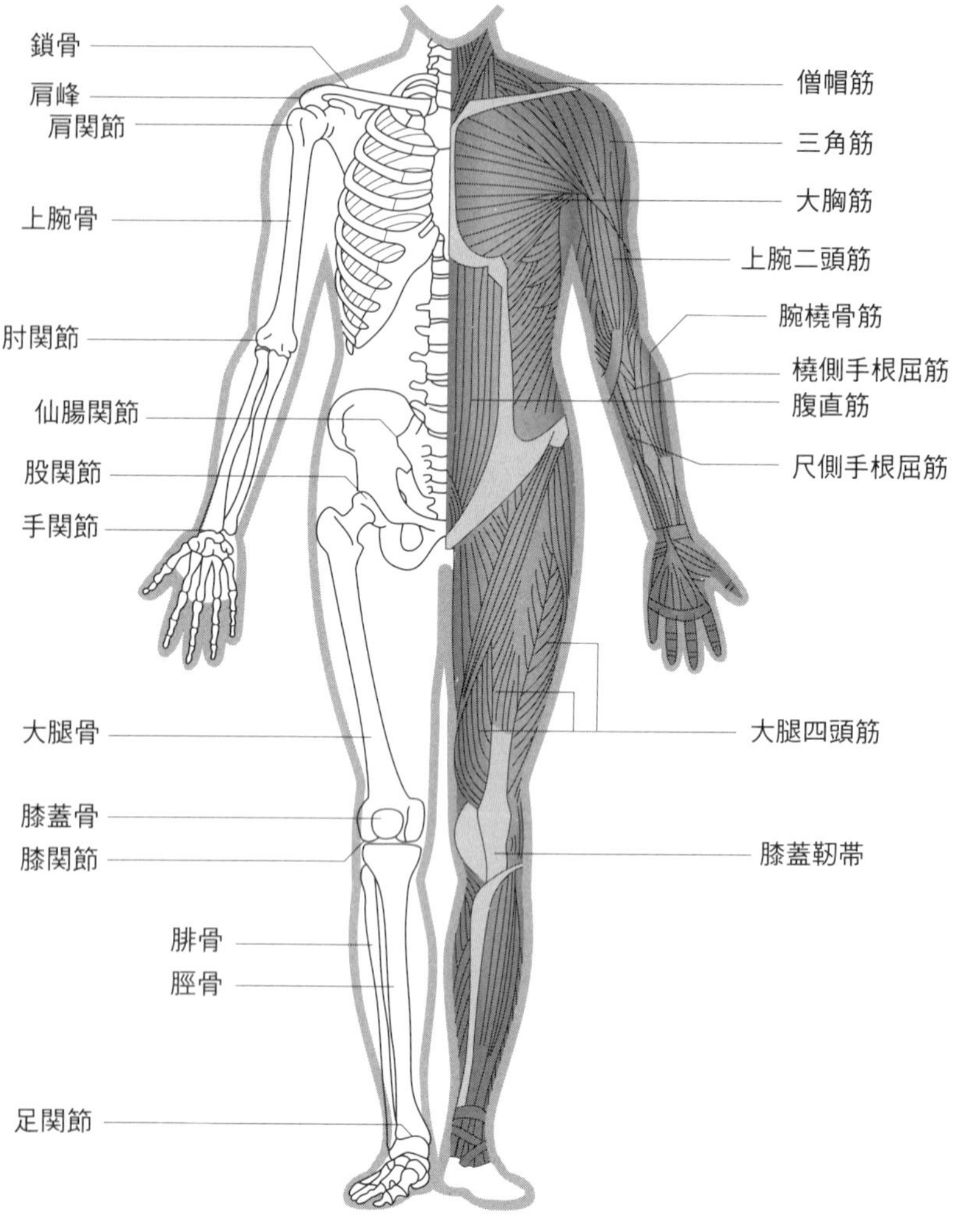
鎖骨
肩峰
肩関節
上腕骨
肘関節
仙腸関節
股関節
手関節
大腿骨
膝蓋骨
膝関節
腓骨
脛骨
足関節
僧帽筋
三角筋
大胸筋
上腕二頭筋
腕橈骨筋
橈側手根屈筋
腹直筋
尺側手根屈筋
大腿四頭筋
膝蓋靭帯

人体の骨格&筋肉【背面】

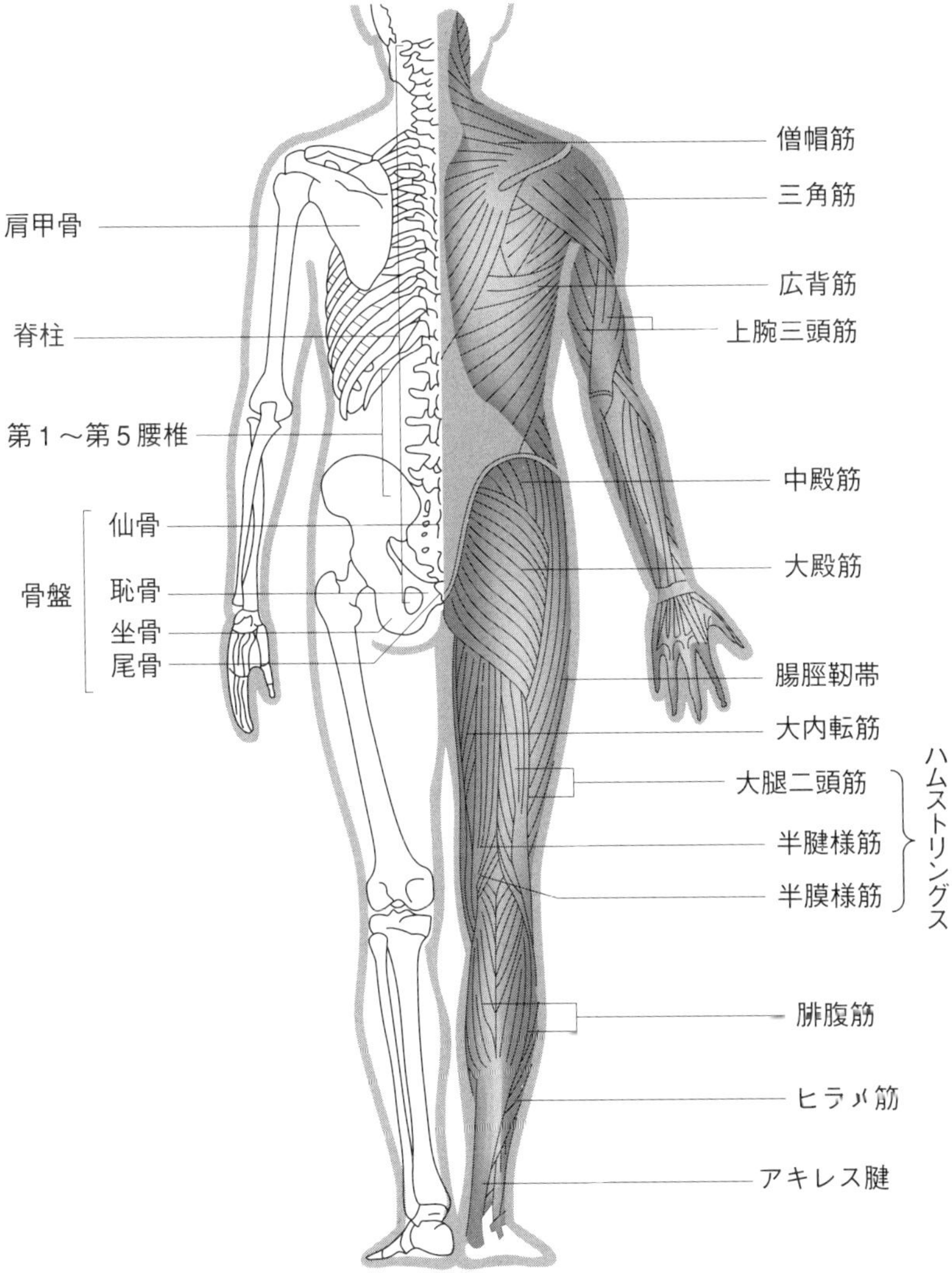
僧帽筋
三角筋
肩甲骨
広背筋
上腕三頭筋
脊柱
第１～第５腰椎
中殿筋
仙骨
大殿筋
骨盤
恥骨
坐骨
尾骨
腸脛靭帯
大内転筋
大腿二頭筋
半腱様筋
半膜様筋
ハムストリングス
腓腹筋
ヒラメ筋
アキレス腱

第1章

筋のさまざまな性質を知る

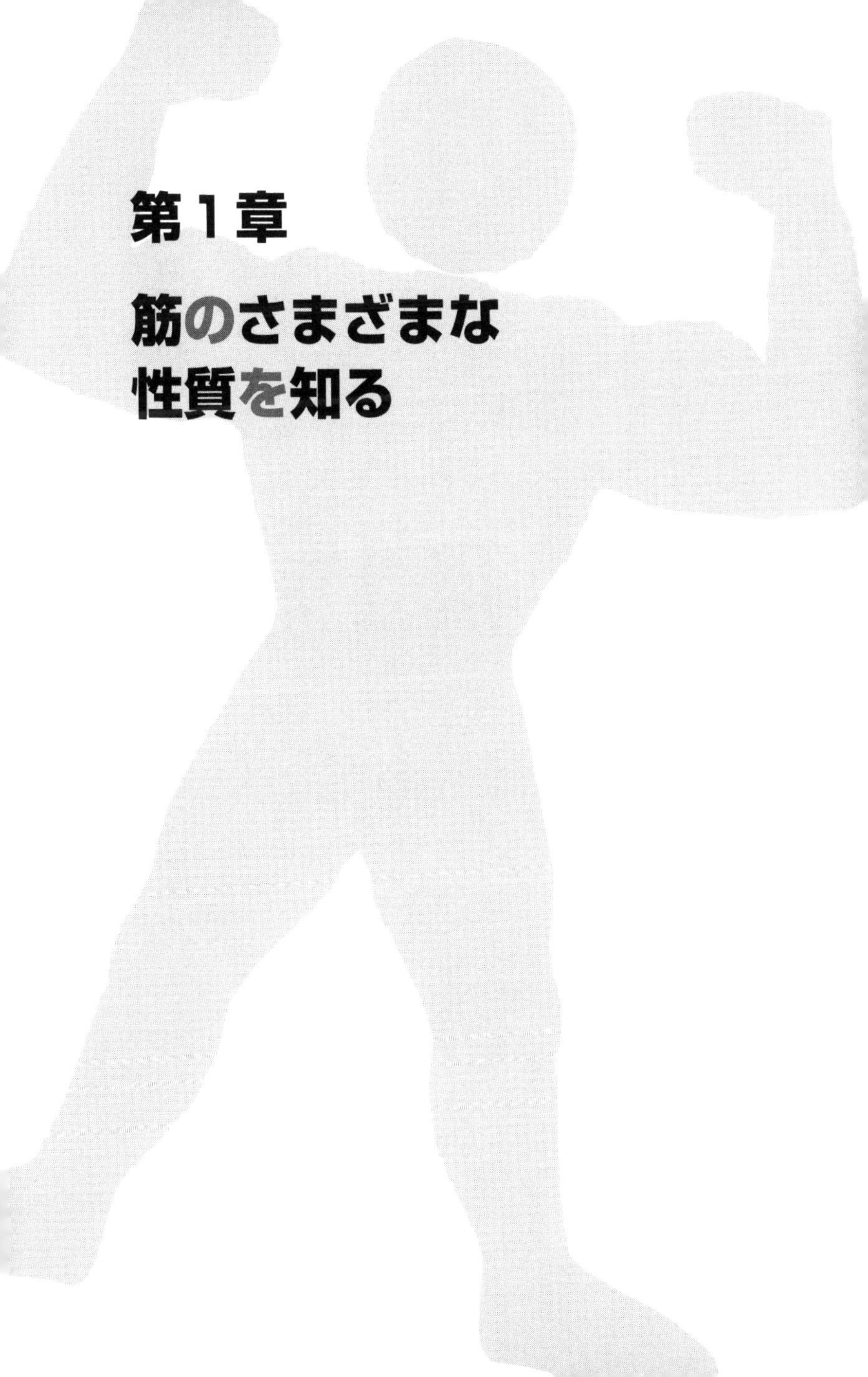

なまけものはスプリンターに向いている？

アフリカの草原を想像してください。そこでのトップアスリートはやはり、ライオンに代表される大型のネコ科動物でしょう。ところが、ライオンはほとんど一日中ゴロゴロしていて、決して〝はたらきもの〟の範疇《はんちゅう》には入りません。実際、ライオンをトレッドミルの上で走らせる実験も行われていて、きわめて持久性に乏しいことが示されています。ですから、彼らは獲物を捕らえるために、集団で狩りをしなければなりません。例として挙げるにはやや強引でしたが、運動時以外の活動状態が、筋肉の特性に影響を与えうることがわかってきています。

速い筋線維と遅い筋線維

私たちの筋肉を構成する筋線維は、速度が速く持久性に乏しい「速筋線維」（Fast-twitch fibers　FT）と、速度が遅く持久性の高い「遅筋線維」（Slow-twitch fibers　ST）に分類することができます。速度の違いは、主にエンジンの役割を果たす**ミオシン**※の違いによります。ミオシンには、それぞれ起源となる遺伝子の異なるいくつかのタイプがあり、代表的なものが「速筋型ミオシン」と「遅筋型ミオシン」です。速筋型ミオシンが運動する速度は、遅筋型ミオシンのそれに比べ、2倍ほど速いことがわかっています。

一方、持久性の違いは、酸素を用いて効率的にエネルギー生産をするための酵素群（呼吸系酵素）の量が、遅筋線維で圧倒的に多いことによります。実際の筋線維は、これらで決まる速筋的な性質と遅筋的な性質がさまざまな割合で混在したものですが、便宜的に、ある標準以上速筋的性質の強いものを速筋線維、逆を遅筋線維と分類します。おそらく、個々の筋線維を継続的に追いかけてみることができれば、運動やその他の活動状況に応じて、やや速筋的になったり、遅筋的になったりするダイナミックな変化がとらえられるでしょう。

筋線維組成はまず遺伝で決まる

筋肉の中の速筋線維や遅筋線維の割合（通常％ＦＴ、％ＳＴで表す）を筋線維組成と呼びます。一卵性双生児の筋線維組成が同じことから、私たちの筋線維組成は、まず遺伝によって決まると考えられています。

しかし、少なくとも動物実験では、生まれてから幼児期までの間はほとんど１００％が遅筋線維で、成長とともに速筋線維が増えてくることもわかっていて、この間の環境的要因が、成長後の筋線維組成に強い影響を与えるとも考えられます。多数のヒトで調べてみると、平均の

ミオシン　筋肉に存在している主要なタンパク質の一種。筋収縮力を発揮する本体であり、「モータータンパク」とも呼ばれている。

骨格筋の構造

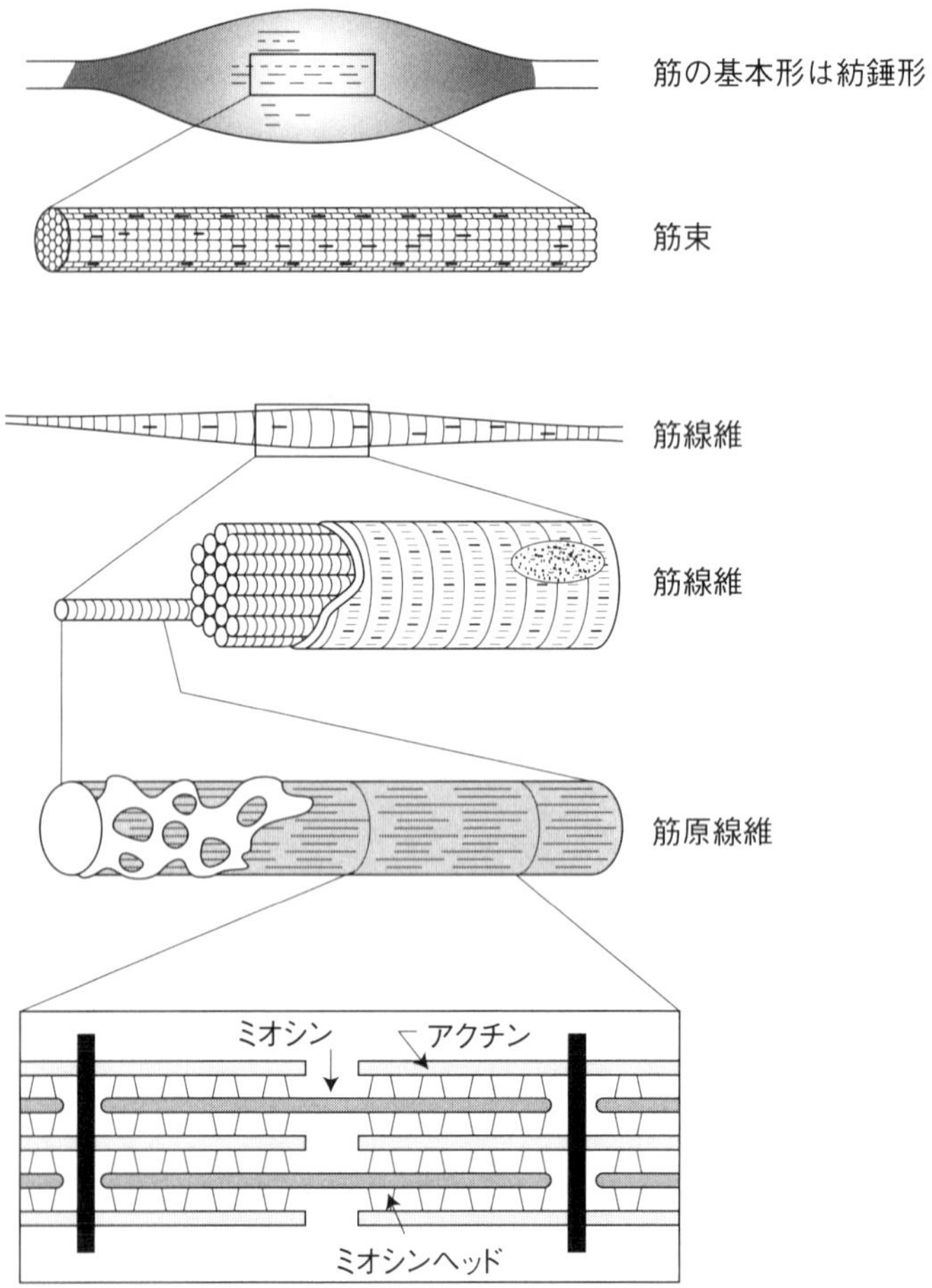
筋の基本形は紡錘形
筋束
筋線維
筋線維
筋原線維
ミオシン
アクチン
ミオシンヘッド

筋線維組成が50%ST、50%FTとなることから、標準的な活動をしていれば、このようにオールラウンドな筋線維組成となるような環境の圧力がはたらいているとも想像されます。

持久的トレーニングで遅筋線維が増える

環境が筋線維の性質を変えることは、持久的トレーニングで確かめられています。ウサギの運動神経の横に刺激電極を挿入し、筋肉が一定のリズムで持続的に活動するようにして飼うと、速筋線維の中に遅筋型ミオシンが現れ始め、1ヵ月ほどで完全に速筋型ミオシンと入れ替わります。このことは、持久的なトレーニングを行うと、筋肉がより遅筋的になることを示しています。実際、マラソンランナーの筋肉では、%STがきわめて高いことが知られています。

逆に、高い強度の筋力トレーニングによって、筋線維の性質がより速筋的になるかについては、よくわかっていません。むしろ、「あまり変わらない」、または「中間的なタイプの筋線維が増える」というのが定説になっています。このことから、「マラソン選手には努力でなれるが、スプリンターは遺伝で決まる」という、やや夢に欠けるものの、それらしい結論が導かれます。

ところが、はっきりと速筋線維が増える場合もあります。それは、宇宙飛行をして無重力環境に置かれたり、ギプス固定されたりして、筋肉にかかる負荷がなくなったり、筋肉の活動がきわめて低下した場合です。このような場合、筋肉は萎縮しますが、それにともなって筋線維がより速筋的になります。しかし、筋肉が萎縮するのでは困ります。

ラットを用いた最近の研究で、筋肉に強いトレーニングを行わせ、その他の時間帯は負荷を完全に除くようにして飼育すると、筋萎縮がかなり抑えられ、しかも速筋線維の割合が増えることが示されました。もしかするとライオンがゴロゴロしていて、一見〝なまけもの〟なのも、彼らのスプリンターとしての特性を守る上で重要なのかもしれません。

「スプリンターを目指す人は、強度の高いトレーニングを集中的に行い、その他の時間はゴロゴロと、なまけものでいたほうがよい」というと教育的に問題がありますが、トレーニング以外の時間帯に、いかに筋肉と身体をリラックスさせるかということは重要と考えられます。

見える筋肉、見えない筋肉

皆さんはトレーニングをするとき、どのような筋肉をトレーニングしていますか？ 即座に大胸筋、広背筋《こうはいきん》、大腿四頭筋、三角筋……などといった答えが返ってくるでしょう。これらは「見える筋肉」です。ボディビルダーであれば外から見える筋肉はもちろん重要ですが、一般的なトレーニング種目においても、ほとんどがこうした「見える筋肉」を**主働筋**※としています。一方、スポーツトレーニングの分野では、「見えない筋肉」のはたらきが注目されつつあります。

関節ははずれやすい

筋肉が発揮した大きな力を伝達し、運動に変換するのは関節です。関節には、肩関節のような球関節、膝関節のような蝶番《ちょうつがい》関節などいくつかのタイプがありますが、いずれも自由度の大きさと引き換えに、ある程度〝はずれやすい〟構造をしています。このため、靭帯《じんたい》や関節包がしっかりと関節の周りを包み込んでいます。

蝶番関節のわかりやすい例として、膝関節を考えてみましょう。膝を伸展するときには、大腿四頭筋が膝蓋《しつがい》靭帯を通じて下腿骨を前方から引っ張ります。このとき、膝関節は伸展方向に回転すると同時に、当然のことながら前方に〝ずれようと〟します。これをはずれないようにしているのが前十字靭帯などの靭帯です。

しかし、小さな靭帯に繰り返し大きなストレスがかかると障害が起こります。そこで、**拮抗※筋**のはたらきが重要になってきます。膝関節では、大腿四頭筋が強くはたらくと、同時に拮抗

主働筋／拮抗筋　一つの動作をするときに作動される筋肉を主働筋といい、その動きと逆にはたらく筋肉を拮抗筋という。肘を曲げるときには上腕二頭筋が主働筋として収縮し、上腕三頭筋が拮抗筋として弛緩する。曲げた肘を伸ばすときには、上腕三頭筋が主働筋として収縮して上腕二頭筋が拮抗筋として弛緩する。一般に拮抗筋は弛緩することによって、主働筋の動きを補助し、動作をスムーズに行えるようにしている。

関節の種類

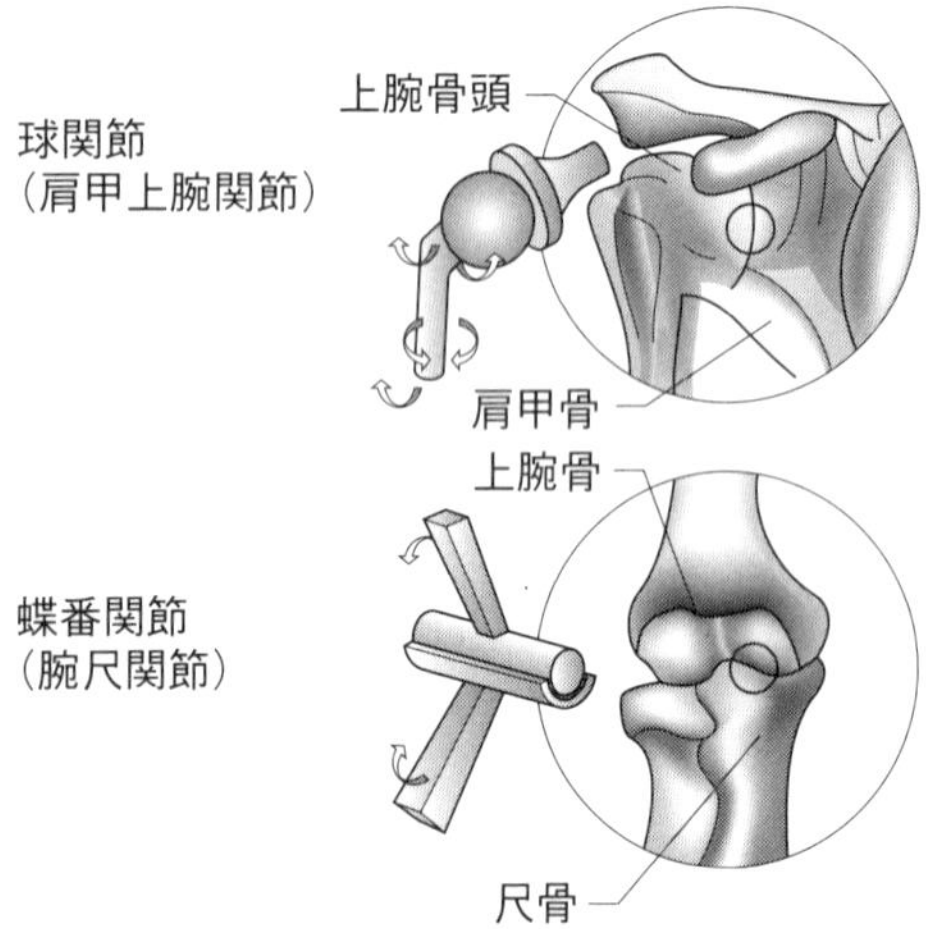

関節の仕組み

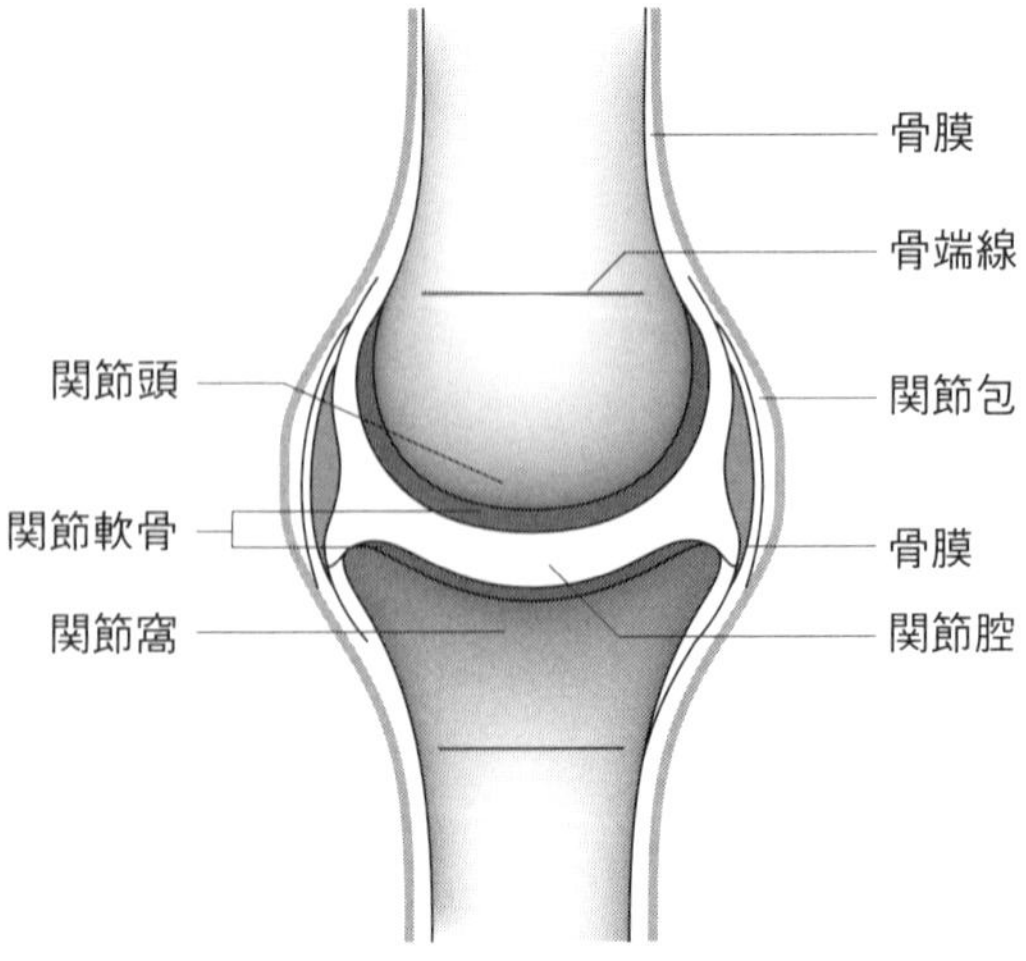

筋であるハムストリングスが、下腿骨の基部を後方に引っ張ることによって膝関節を安定させると考えられています。

後で改めて詳述しますが、優秀なスプリンターでは、レッグエクステンション時にハムストリングスが共収縮してしまいます。この理由の一つは、膝関節を安定化するためであるといわれています。こうしたことからも、拮抗筋同士をバランスよくトレーニングすることが重要なことがわかります。

肩の外旋筋群：インナーマッスル

球関節のように多様な動きをする関節の周りには、関節を安定化するのに重要な筋群が多数あります。肩関節では、広背筋や三角筋に隠れて見えないところに、棘下筋《きょくかきん》、小円筋《しょうえんきん》、肩甲下《けんこうか》筋《きん》という、肩の外旋筋群（カフ・ローテーター）があります。これらは、「インナーマッスル」と俗称されます。

これらの筋群が重要視される理由は次の2点です。第1は、上半身の最も大きな筋である大胸筋、広背筋のいずれもが肩を内旋させる作用をもつため、これらが大筋力を発揮するような動作では、外旋筋群が拮抗して肩関節を安定化します。第2には、三角筋などによって肩を挙上するときに、これらの外旋筋群がはたらいて肩の上方へのずれを防ぎます。これらの外旋筋群の筋力が低下すると、力学的ストレスによって靭帯や滑液包に炎症が生じ、「※**インピンジメ**

肩の外旋筋群

棘上筋・棘下筋・小円筋・大円筋

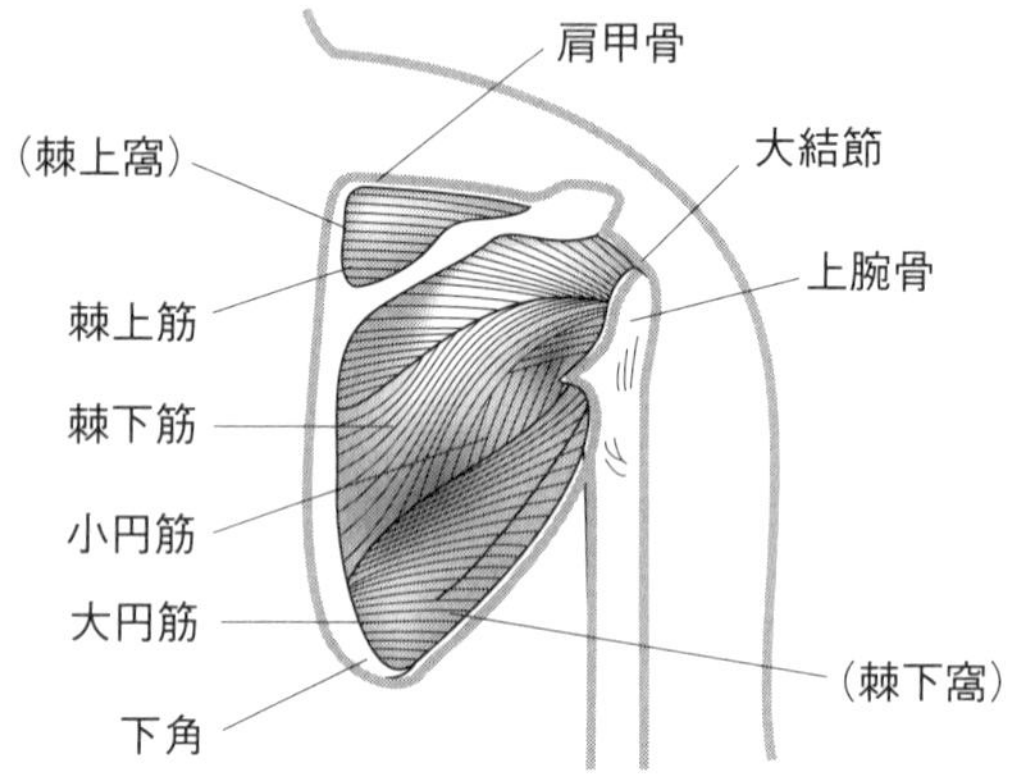

肩甲下筋

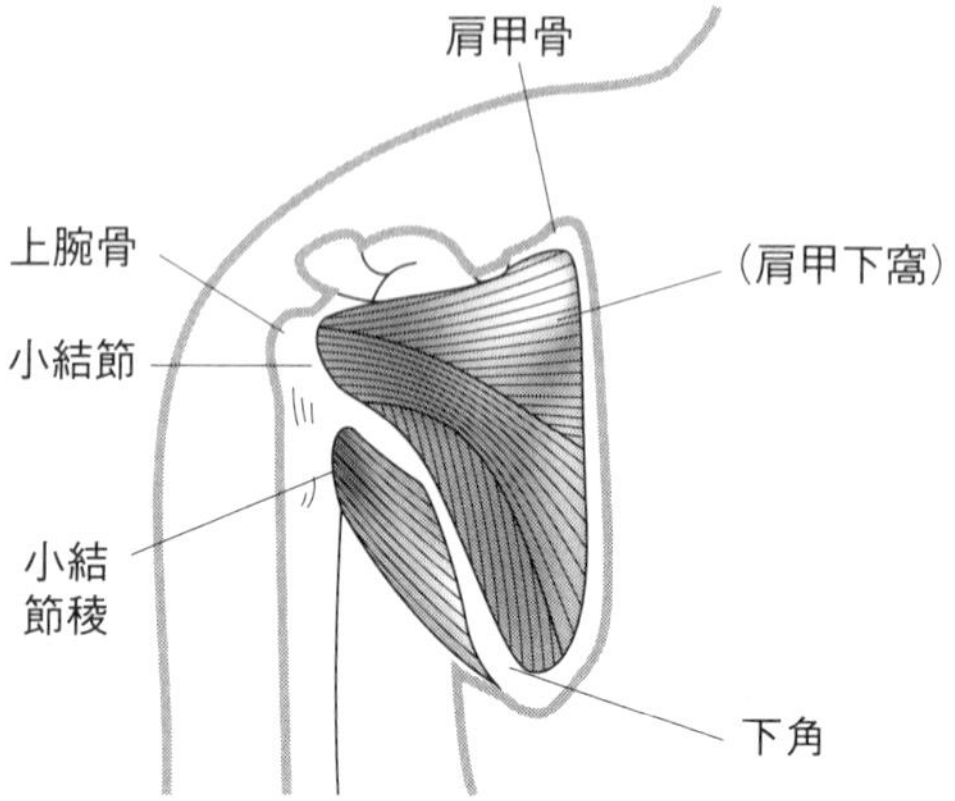

ント症候群」などの肩痛の原因となると考えられています。

同様に球関節である股関節でも、比較的小さな「見えない筋肉」が、関節を安定させる上で重要な役割を果たしています。中殿筋《ちゅうでんきん》、小殿筋《しょうでんきん》、恥骨筋《ちこつきん》、長内転筋《ちょうないてんきん》、外閉鎖筋《がいへいさきん》、腰方形筋《ほうけいきん》、※**梨《り》状筋《じょうきん》**などです。かつて、スピードスケートの橋本聖子選手が原因不明のスランプに陥ったことがありました。長期間悩んだ末にカナダの専門医に診てもらったところ、その原因は、なんと梨状筋の肉離れだったそうです。

腸腰筋はスプリンターの証

最近、Hanson ら（１９９９）は、若い白人と黒人の間で大腰筋という筋肉のサイズに著しい違いがあることを報告しました。大腰筋の筋断面積は、黒人が白人に比べて3倍以上も大きいそうです。このことは黒人のスプリント能力と無関係ではなさそうです。大腰筋は腰椎に始まり、腸骨に始まる腸骨筋とともに骨盤の内側を通って大腿骨に至る筋で、大腰筋と腸骨筋を合わせて腸腰筋と呼びます。これらは、内臓と脊椎の間にあることから、深部腹筋群とも総称

インピンジメント症候群　インピンジメントとは衝突を意味し、腕を大きくスイングさせるスポーツに多発する。腱とその周りの組織との間で衝突・摩擦が繰り返されることにより腱が炎症・変性を起こしてしまう障害。
梨状筋　股関節を動かしたり固定したりする筋肉で、仙骨（骨盤のちょうど真ん中に位置する骨）から股関節に向かってついている筋肉。

腸腰筋

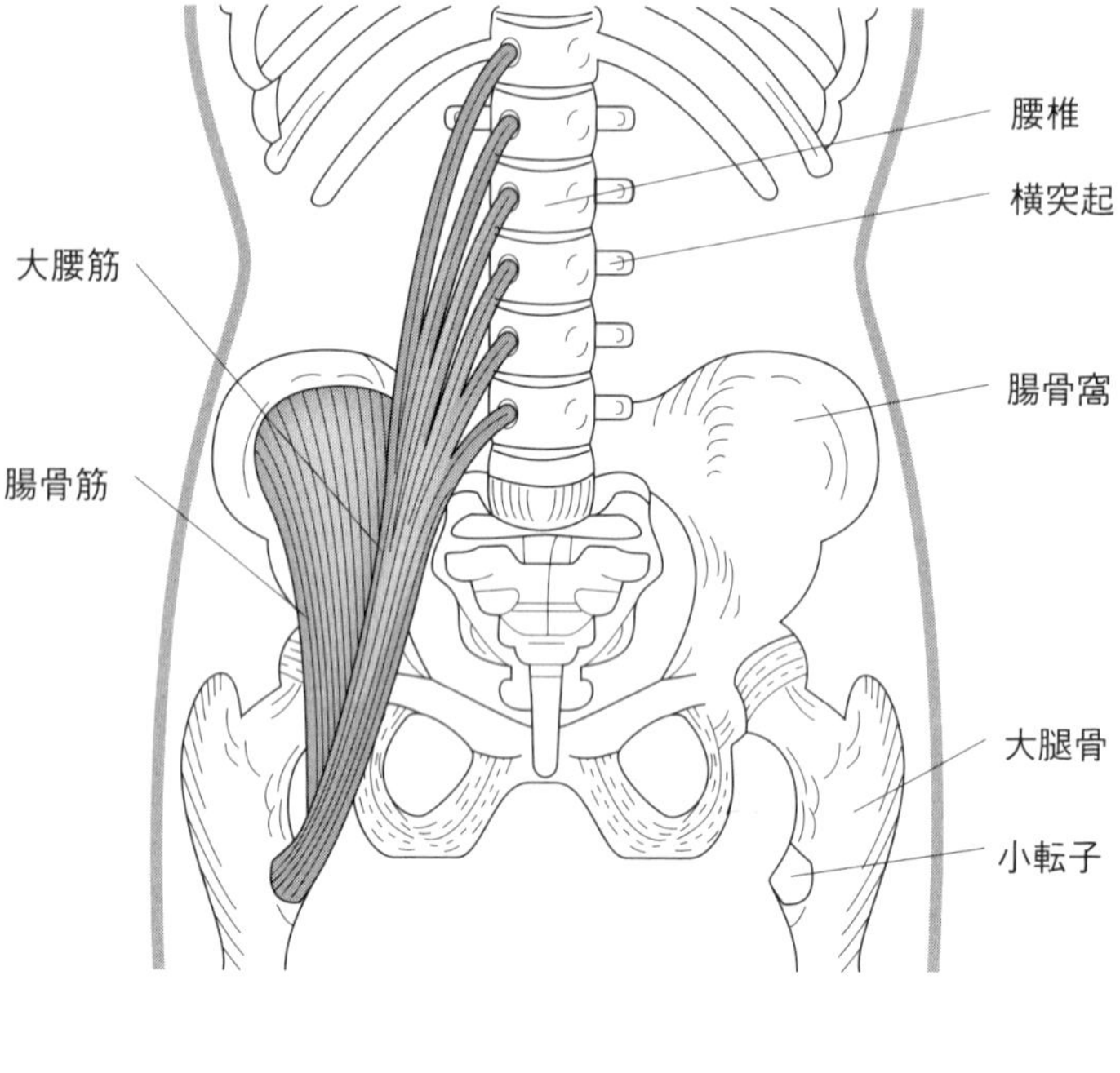

され、「見えない筋肉」の代表ともいえます。

　スプリンターの筋系をＭＲＩで調べた国内の研究からも、腸腰筋が発達していることが示唆されています。腸腰筋は、大腿直筋とともに股関節屈筋ですが、同時に、骨盤を前傾させる作用、腰椎のＳ字形を維持する作用を併せもちます。したがって、走行中に体幹を安定させながら骨盤をコントロールし、大きく強いストライド（歩幅）を生み出す原動力となっている可能性があります。

　これらの「見えない筋肉」は、「見える筋肉」を継続的にトレーニングする上でも軽視できません。しかし、これらを専門的にトレーニングする種目はあまり見当たらないのが少々残念です。

男の筋肉、女の筋肉

　スポーツパフォーマンスに多かれ少なかれ男女差があることは、誰もが認めるところです。これにはさまざまな要因が関係していますが、筋自体に男女差があるかについては、あまりよくわかっていないのが現状です。そこで、筋の男女差について考えてみましょう。

男女の体型と筋量

雌雄の間ではっきりとした外観上の違いがあることは、生物一般にとって生殖のためにとくに重要です。鳥では、クジャクなどの例のように、雌雄の間で顕著な色彩の違いがあります。カエルでは、オスの前肢筋はメスのものよりもはるかに発達しています。ゴリラでは、オスで咬筋《こうきん》が著しく発達していますが、この筋は頭頂に始まるために、オスは一目でそれとわかる〝とがった頭〟をしています。

ヒトではどうでしょうか？　一般成人の場合、全体重に占める筋の重さの割合は、30歳台の男子で約40％、女子で約35％といわれています。筋がこれだけの割合を占めるということは、筋のつき方が、「男らしい体つき」「女らしい体つき」を決める一要因となることを暗示しています。女性のプロボディビルダーは男性顔負けの筋をもっていますが、それでも男性のプロボディビルダーと比べると、首から肩、上腕にかけての筋量が少ないようです。このあたりの筋が、「男らしい体つき」を特徴づける要因になっていると思われます。

筋の発達には男性ホルモン（アンドロゲン）が深く関係しています。そもそも、最も代表的なアンドロゲンである**テストステロン**※の分泌量には大きな男女差があり、この差が全体としての筋量の差に関係すると考えられています。アンドロゲンが筋に到達すると、細胞膜を通り抜けて細胞内に入り、さらに核の中に入って、アンドロゲン受容体と結合します。アンドロゲンを結合した受容体は遺伝子に結合し、さまざまなタンパク質の合成を促します。筋に含まれるアンドロゲン受容体の量は、筋力トレーニングをすることで増大しますので、トレーニングを行った後にアンドロゲンが筋に作用すると、筋肥大が助長されると考えられます。

男らしさを特徴づける？　僧帽筋

Kadiら（2000）は、このアンドロゲン受容体についての興味深い報告をしています。彼らは男子パワーリフティング選手を対象として、大腿四頭筋（外側広筋）と僧帽筋《そうぼうきん》でのアンドロゲン受容体の発現量を比べ、僧帽筋での受容体の発現が有意に高いことを示しました。このことは、僧帽筋がそもそもアンドロゲンに対する感受性が高い筋であることを示唆します。

残念ながら女性でのデータがありませんが、テストステロンの分泌量の多い男性では、僧帽筋が下肢の筋に比べて発達しやすいといえるでしょう。肩や上腕の筋群にも同様の傾向があり、「男らしい」筋系をつくる一要因になっているのではないかと想像されます。

彼らの論文では、**アナボリック・ステロイド**※のドーピングを行うと、僧帽筋のアンドロゲン

テストステロン　筋肉増大、タンパク同化作用の促進、体毛の増加などの作用をもつ、男性ホルモンの一種。睾丸と副腎皮質から分泌される。
アナボリック・ステロイド　タンパク質同化ホルモン。運動能力を高め、筋肉を急速に増強する筋肉増強剤。乱用により生殖機能の低下、腎臓・肝臓の機能低下、脱毛の副作用がある。

受容体の発現量がさらに増大することも示されました。一方、外側広筋ではそのような変化は起こらないようです。したがって、僧帽筋では、アンドロゲンがその受容体の合成を高め、そこにアンドロゲンが再び作用すれば、ますます筋が肥大するといった正の循環機構がはたらくことになります。こうした機構によって、僧帽筋の発達の程度にはますます男女差が生じることになると考えられます。

論文自体に記載されているわけではありませんが、この研究の発端は、ステロイドビルダーの中にときとして異様なほどの僧帽筋の発達が見られることにあると想像されます。こうした認識は、長いことボディビル競技に携わってきた方であれば、誰でも抱いていると思います。

筋線維の男女差

筋の大きさについてだけでなく、その生理学的特性についてはどうでしょうか? **アクチン**※やミオシンなど、筋をつくるタンパク質の遺伝子は男女で同じですので、これらのタンパク質自体に男女差があることは考えにくいでしょう。しかし、Staronら（2000）は、外側広筋の筋線維組成に関する10年間の膨大なデータを検討し、若干ですが男女差があることを報告しています。

ヒトの筋線維には、前述しましたが、大きく分けると遅筋線維（タイプⅠ線維）と速筋線維（タイプⅡ線維）があります。さらにタイプⅠを2種（タイプⅠ、Ⅰc）、タイプⅡを4種（タイプⅡc、Ⅱa、Ⅱab、Ⅱb）に分けますが、便宜上はタイプⅠ、Ⅱa、Ⅱbの3種類で考えれば十分とされています。それらの存在比を見ると、男性でⅡa＞Ⅰ＞Ⅱbの順に多いのですが、女性ではⅠ＞Ⅱa＞Ⅱbになるようです。

平均として見れば、女性の筋は男性の筋に比べ、スプリント的な競技には不向きで肥大しにくく、逆に持久的競技に向いているということになります。このことは、スポーツ競技などでの一般的な印象とよく合ってはいます。ただし、男女いずれの場合でもタイプⅠ線維の占める割合は40～50％の範囲内ですので、こうした平均値での差よりも、個人差の影響のほうが重要ともいえます。

赤筋、白筋、ピンク筋

以前、ある雑誌の取材で「ピンク筋」の話をしたところ、耳慣れない言葉ということで注目され、ダイエットがらみでテレビの取材を受けるまでになりました。しかし、ピンク筋は、とくに新しい用語ではなく、１９７０年代の生理学では普通に使われていたもので、現在でもサ

アクチン　筋肉に存在している主要なタンパク質の一つで、アクチン単量体（G-アクチン）が集まって繊維状のアクチンフィラメントを形成する。ミオシンとともに筋収縮の主役として作用する。

カナの筋に対しては頻繁に用いられます。その後、筋線維のタイプを示す専門用語として「タイプⅠ」「タイプⅡa」「タイプⅡb」などが定着するにしたがい、少なくともヒトの筋生理学では半ば〝死語〟になってしまいました。

なぜ「赤、白、ピンク」なのか

筋をつくる筋線維は、何度か説明していますが、速筋線維（タイプⅡ線維）と遅筋線維（タイプⅠ線維）に大きく分けられます。タイプⅡ線維は、スピードやパワー発揮に優れ持久性に乏しい筋線維、タイプⅠ線維は逆にスピードに乏しく持久性に優れた筋線維といえます。

タイプⅠ線維はまた、酸素を用いて脂質などを持続的に分解してエネルギーを生産する能力（有酸素性代謝活性）が高く、そのために必要な**ミオグロビン**※や**チトクローム**※などのタンパク質を多くもっています。これらのタンパク質は、ヘモグロビンと同様に赤い色をしているため、タイプⅠ線維は見た目にも血液のように赤く、「赤筋」と呼ばれます。

逆にタイプⅡ線維は、これらのタンパク質が少なく、白く見えることから「白筋」と呼ばれます。タイプⅡ線維はさらに、Ⅱa、Ⅱab、Ⅱb、Ⅱcなどのサブタイプに分けられますが、ほとんどがタイプⅡaとタイプⅡbで占められます。タイプⅡb線維は、最もスピードがあり持久性に乏しい、いわば「純白筋」。タイプⅡa線維はスピードも持久性もそこそこ兼ね備えたオールマイティーな筋線維で、有酸素性代謝のためのミオグロビンやチトクロームを適度にもつことから、赤と白の中間である「ピンク筋」に相当することになります。

このような特性から、白筋（タイプⅡ）の主なはたらきはダイナミックな運動を発現することであり、赤筋（タイプⅠ）の主なはたらきは姿勢を維持したり、関節を安定化したりすることであるということができます。しかし、ヒト体内の筋をながめてみると、それぞれの筋ごとに赤白がはっきり分かれているわけではありません。個人差はありますが、平均するとほとんどの筋で「赤：白」は1：1になると報告されています。したがって、体内では、ほとんどの筋が右の二つのはたらきを多かれ少なかれ担っているということになります。

ただし、先にお話しした大腰筋や、肩の外旋筋などの「インナーマッスル」は、それらの役割から見て、やや〝赤優位〟の筋といえるでしょう。また、一つの筋内でも、一般的に表層部は白が多く、深層部は赤が多いという傾向があります。

白とピンクは容易に入れ替わる

このように、一般人の一般的な筋では赤（タイプⅠ）：白（タイプⅡ）は1：1で、この比

ミオグロビン　筋肉中にあって、酸素を代謝に必要なときまで貯蔵する色素タンパク質。赤血球にあるヘモグロビンと類似の構造をしており、一般に、赤い筋肉はこのタンパク質に由来する。

チトクローム　水酸化酵素ファミリーの総称。主なものはミトコンドリアで有酸素性代謝の最終段階（電子伝達系）を担う酵素としてはたらく。

率での個人差はまず遺伝で決まってしまいます。動物実験では、持久的トレーニングを長期間続けると白から赤への転換が起こり、不活動によって赤から白への転換が起こることが示されていますが、まだヒトではそこまでの変化は観察されていません。タイプⅡの中での白（タイプⅡb）：ピンク（タイプⅡa）は、運動や環境によって激しく変わることがわかっています。すなわち、白がピンクになったり、ピンクが白になったりすることは容易に、しかも数週間の間に起こります。

Kraemerらの一連の報告によると、パワー系競技のトップアスリートの筋では、タイプⅡb、すなわち「純白」線維はほとんど見られません。高強度の筋力トレーニングでは通常、繰り返し大きな筋力を発揮したり、すみやかに筋力を回復させたりすることが必要になってきます。こうした代謝的な要求が、白をピンクに変えると考えられます。したがって、アスリートの高いパフォーマンスは「ピンク筋」に支えられているといえます。

一方、日常的なレベルの筋力発揮や、低強度のエアロビック運動では、そもそもタイプⅡ線維はあまり使われませんので（第4章の「サイズの原理」とトレーニングの項146ページ参照）、「白は白のまま」になります。

第2章

筋肉と運動の仕組みを知る

速筋線維を増やす方法

レベルの高いスポーツ競技では、選手の競技力のピークをいかにして競技大会の開催時と一致させるかが重要となります。こうしたコンディショニングの上で参考になりそうなことを、筋線維組成の観点から述べてみましょう。

タンパク質による筋線維の分類

前章で述べた速筋線維、遅筋線維を、筋線維がもつタンパク質の違いで分類する方法もあります。近年ではこちらのほうが客観性が高いという点で好まれていて、最もよく用いられるのは、収縮タンパク質であるミオシンの違いに基づくものです。

ミオシンは重鎖（Myosin Heavy Chain　MHC）と軽鎖（Myosin Light Chain　MLC）からできていますが、それらのいずれにも速筋型と遅筋型があり、重鎖には、MHC-Ⅰ、Ⅱa、Ⅱx、Ⅱb（注）の4種類があります。染色法による分類との対応が完全になされているわけではありませんが、おおむね、タイプⅡbはMHC-Ⅱbを、タイプⅡabはMHC-Ⅱxを、タイプⅡaはMHC-Ⅱaを、タイプⅡcはMHC-ⅡaとⅠを、タイプⅠはMHC-Ⅰをもっと考えられます。

遅筋線維（タイプⅠ＝タイプⅠ、Ⅰc）と速筋線維（タイプⅡ＝タイプⅡa、Ⅱab、Ⅱb、Ⅱc、Ⅱac）の割合は、まず遺伝で決まることがわかっています。では、トレーニングによって、こうした筋線維組成を後天的に変えることはできるのでしょうか。

動物実験では、持久力トレーニングによって、遅筋線維が増え、速筋線維が減ります。ヒトでそのような顕著なタイプ変換が起こるかは確かではありませんが、速筋線維の中でタイプⅡcが増えるといった、遅筋化に向かう変化が起こります。**レジスタンストレーニング**※については、大容量のトレーニングを継続することにより、タイプⅡbからⅡaへ（ただし、ヒトではⅡbはそもそもきわめて少ないため、むしろⅡabからⅡaへ）、さらにⅡcからⅡaへ、つまりオールマイティーなⅡa線維へ収束するような変化が起こります。

（注）最近の研究から、ヒトの筋線維ではⅡbはほとんどなく、染色法などでⅡbと認識されるものはほぼすべてⅡxであるということになっています。

レジスタンストレーニング　バーベル、ダンベル、マシンなど、ウエイトを抵抗（レジスタンス）として利用するトレーニング全般を指す。主に筋力を高め、筋肥大を促進する目的で行われる。

休息による重鎖の「超回復」

レジスタンストレーニングのこのような効果は確かに重要ですが、欲をいえば、パワーのあるタイプⅡbやⅡabをやや犠牲にしてしまうともいえます。最も速いタイプⅡb線維を増やすには、〝宇宙飛行〟〝寝たきり〟など、筋が萎縮するようなことをする以外にないと考えられてきました。ところが、もっと賢いやり方があるかもしれないということが、Andersenら（2001）の研究で示唆されています。

彼らは、レジスタンストレーニングを3ヵ月行った後、3ヵ月の完全休養をとった場合の、重鎖のタイプ変化を調べました。その結果、①トレーニングによってMHC-Ⅱxが減り、Ⅱaが増えること　②完全休養に入ると逆にⅡaが減る一方、Ⅱxが次第に回復し、やがてトレーニング前のレベルを超えること、などがわかりました。すなわち、長期的に見ると、MHC-Ⅱxの量に「超回復※」が起こることになります。ただし、この研究では、あまりに長期にわたる休養のため、筋力自体はトレーニング前と同程度にまで低下してしまっています。

長期計画（ピリオダイゼーション）へのヒント

陸上競技や競泳では、大容量のトレーニング後に段階的に容量を落としていくと、競技パフォーマンスが向上することが知られています。こうした方法は、「トレーニングのピリオダイゼーション」として、一般的なレジスタンストレーニングでも利用されています。

そのメカニズムには、過度の疲労からの回復が関係しているでしょうが、Andersenらの研究から類推すると、MHC-Ⅱxの微妙な増加が関係している可能性もあります。また、月単位、週単位できめ細かくトレーニング容量を増減させるようなテクニックにより、次第にMHC-Ⅱxの量を増大させていくことも可能かもしれません。同様の方法はトップレベルのウエイトリフターが用いていますが、他のさまざまな競技にも有用でしょう。

トレーニングとコラーゲン

コラーゲン、グルコサミン、コンドロイチンなどを成分としたサプリメントをよく見かけるようになりました。主に関節が痛いときなどに摂取するとよいとされますが、実際に試してみると、確かに効果があるような気がします。現役ビルダーの話を聞くと、とくに食事制限をしている減量期に、関節の障害を効果的に予防してくれるようです。そこで、コラーゲンとトレ

超回復　筋力トレーニング後に24～48時間くらいの休息をとることによって起こる現象。休息の間に筋力がトレーニング前よりも増加することをいう。超回復の原理を有効に利用することによってはじめて、トレーニング効果が現れると考えられている。

ーニングの関係について考えてみましょう。

結合組織をつくるコラーゲン

コラーゲンは、プロテオグリカン（糖タンパク）、コンドロイチン硫酸、ヘパラン硫酸などとともに、結合組織（細胞外マトリックス）をつくります。結合組織とは、身体の組織を構成する細胞と細胞の間にあって、組織を支持したり、力やその他の情報を伝達したりする組織です。

とくに運動器に関連の深い結合組織は、筋の内膜、周膜、外膜、腱、靭帯《じんたい》、軟骨、骨基質などでしょう。運動やトレーニングでは、筋そのものよりも、こうした結合組織に外傷や障害が起こることが多いのですが、運動や栄養が結合組織に及ぼす効果については、あまりよくわかっていないのが現状です。

私たちの身体は、想像以上にこうした結合組織を多くもっていて、コラーゲンが身体の全タンパク量に占める割合は3割以上（重量比）とされています。

さらに、コラーゲンには多くの種類（型）があり、現在までのところI型からXIX型までの19種類が見つかっています。このうち、I型が主に筋の膜系、腱、靭帯、骨基質などをつくり、II型が軟骨や眼のガラス体などをつくります。一般にコラーゲンは水にきわめて溶けにくい、繊維状構造や網目状構造をしたタンパク質です。このため、身体の中では安定した支持構造をつくるのですが、逆にこうした性質は、その量や合成・分解の調節機構を調べる研究を困難にしています。

それでも、熱処理や、膵液《すいえき》からつくられるキモトリプシンという消化酵素によって部分的に分解し溶かすことはできますので、身体がコラーゲンを消化・吸収することはある程度可能です。ちなみに、「煮こごり」（ゼラチン）は、加熱調理によって骨、軟骨、皮膚などから溶け出たコラーゲンがゲル状になったものです。

運動にすばやく応答するコラーゲン合成

私たち東京大学大学院・生命環境科学系のグループでは、I型コラーゲンの合成が高まると（どの組織でも）、これを光信号として測定できるようにした「遺伝子組み換えマウス」を用いて研究を行っています。その結果、抗重力筋として普段持続的に活動している遅筋ほど、I型コラーゲンの合成が盛んなことがわかりました。ところが、速筋と比べてコラーゲンの量そのものはとくに多いということはなく、したがって遅筋ではコラーゲンの合成と分解の両者が速いのであろうと想像しています。

このマウスにトレーニングをさせると、驚いたことに1回のトレーニングの72時間後には、筋や腱でのコラーゲン合成が何倍にも上昇することがわかりました。また脊椎骨の骨基質でも、同様にI型コラーゲン合成が上昇することが報告されています。

抗重力筋

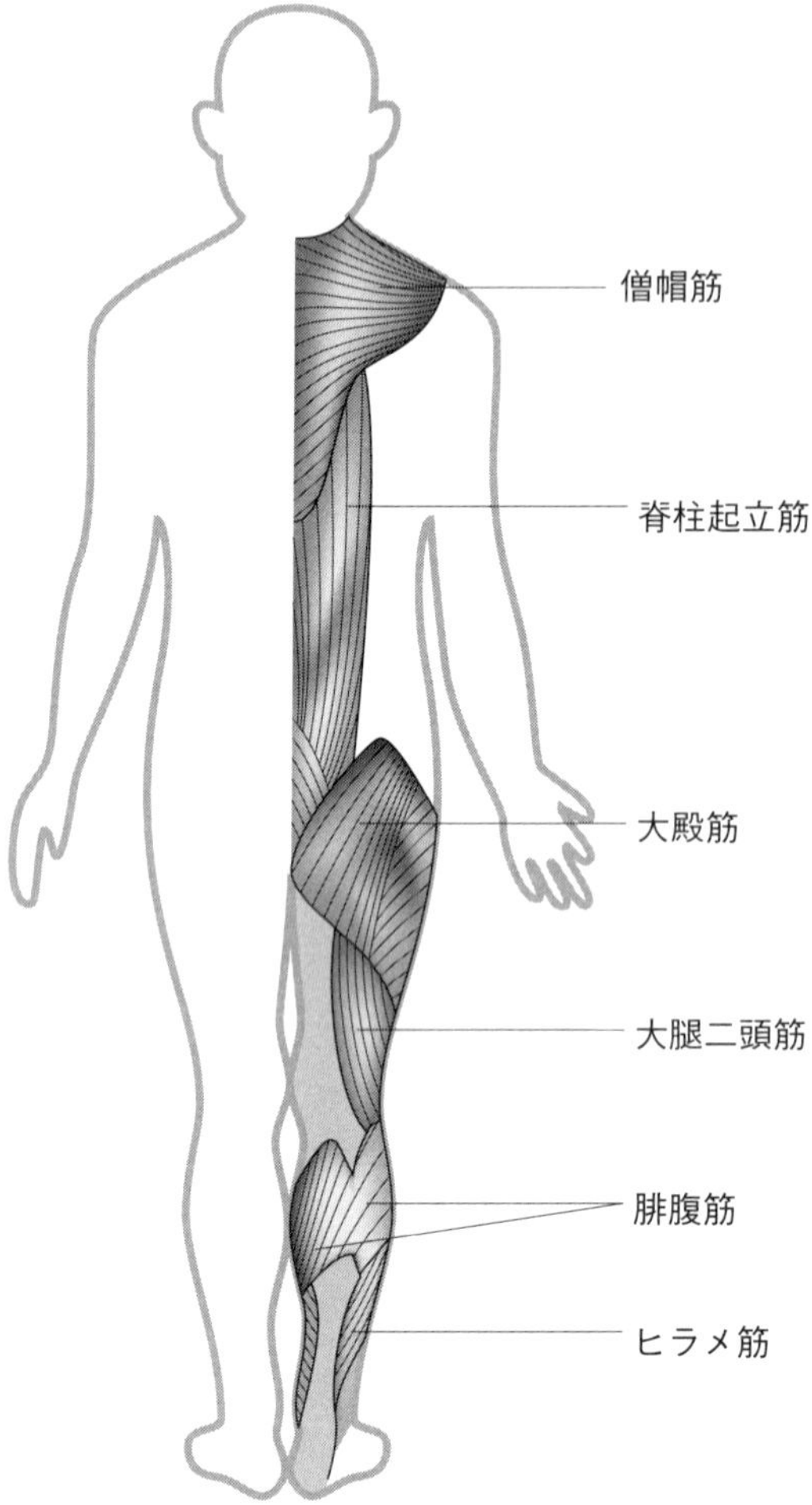

僧帽筋
脊柱起立筋
大殿筋
大腿二頭筋
腓腹筋
ヒラメ筋

このように、結合組織は一見安定した組織のようですが、運動やトレーニングによって、その内部ではコラーゲンの分解や合成が激しく行われていることがわかります。その分、減量期などには、コラーゲン摂取を心がけることが必要となるかもしれません。

コラーゲン食は肌を若く保つ？

共同研究者の中里浩一《なかざとこういち》・日本体育大学准教授らは同じ遺伝子組み換えマウスを用い、高コラーゲン食を摂取させると、肌でのコラーゲン合成が高まる傾向があると報告しています。

残念ながら統計的に十分にものがいえるデータではありませんが、コラーゲン摂取を心がけることで、肌を若く保てる可能性はあるでしょう。しかし、栄養物としてのコラーゲンがなぜ組織のコラーゲン合成を高めるかは不明です。

Ⅱ型コラーゲン食によって、リューマチが改善されるという報告もあります。リューマチは一種の「自己免疫症」で、免疫系が関節軟骨のⅡ型コラーゲンを〝異物〟と認識して、これに対する抗体をつくってしまい、関節に著しい炎症反応を起こすことが原因の一つと考えられています。

一方、私たちの身体には「腸管免疫寛容《ちょうかんめんえきかんよう》」（経口トレランス）という仕組みがあって、通常の栄養物として腸から吸収した物質に対しては抗体が生成されないようになっています（これが正常にはたらかないのが「食物アレルギー」）。したがって、栄養物としてⅡ型コラーゲンに対する免疫作用が弱まり、リューマチが改善するのではないかと考えられています。

運動やトレーニングなどによって起こる、さまざまな関節の痛みも、組織の損傷が免疫系を刺激し、過剰な炎症反応を起こすことが一因と考えられます。過剰な炎症反応を抑制すること、壊れた結合組織の再構成のための材料を供給すること、の2点でコラーゲンサプリメントは効果があるのではないかと想像されます。

筋の記憶力？

2001年7月22日、私は日本クラス別ボディビル選手権（85kg級）に出場しました。15年ぶりの大会復帰でした。

結果は6位と不本意なものでしたが、コンテストに出場できたというだけで幸せでした。同年の1月には、「少し体格のよい普通の人」程度の身体で、しかも右肩の慢性障害のために満足なトレーニングができない状態でした。ですから6ヵ月で全国レベルの大会に出場できるまでに回復したこと自体、不思議でなりません。

まるで、15年前の〝記憶〟が筋に残っていたかのようです。実際、しばらくトレーニングを中断し、身体が萎《な》えてしまっても、トレーニング再開後早期に筋のサイズが回復したという経験をおもちの読者も少なくないと思います。そこで、「筋の記憶」について考えてみます。

核の「縄張り」

筋線維は長さ数センチにも及ぶ巨大な細胞で、多くの核をもつ「**多核体**※」です。核の中には遺伝子があり、タンパク質を合成して筋線維を太くする最初のステップはこの核の中の遺伝子で起こります。最近の研究から、一つの核が支配できる細胞の体積には上限があると考えられるようになり、「nuclear domain」（核の支配領域）と呼ばれるようになりました。

このように、一つの核の支配領域に上限があれば、筋線維が肥大できる程度にも上限があることになります。これを超えてさらに筋線維が肥大するためには、筋線維に含まれる核の数が増えなければならないでしょう。

実際、動物実験では、過負荷により肥大した筋線維で核数が増えていることが示されています。逆に、萎縮した筋線維で核が減るかについては、減るとする研究と減らないとする研究があり、結論が出ていません。

多核体　一般に、細胞は一つの核をもち、細胞が成長すると核が分裂して、同時に細胞質も分裂することでこの状態が保たれる。しかし、ある種の生物では細胞が成長すると、核は分裂するが細胞質は分裂せず、結果として複数の核をもつ細胞が生じることがあり、これを多核体と呼ぶ。

筋線維の構造

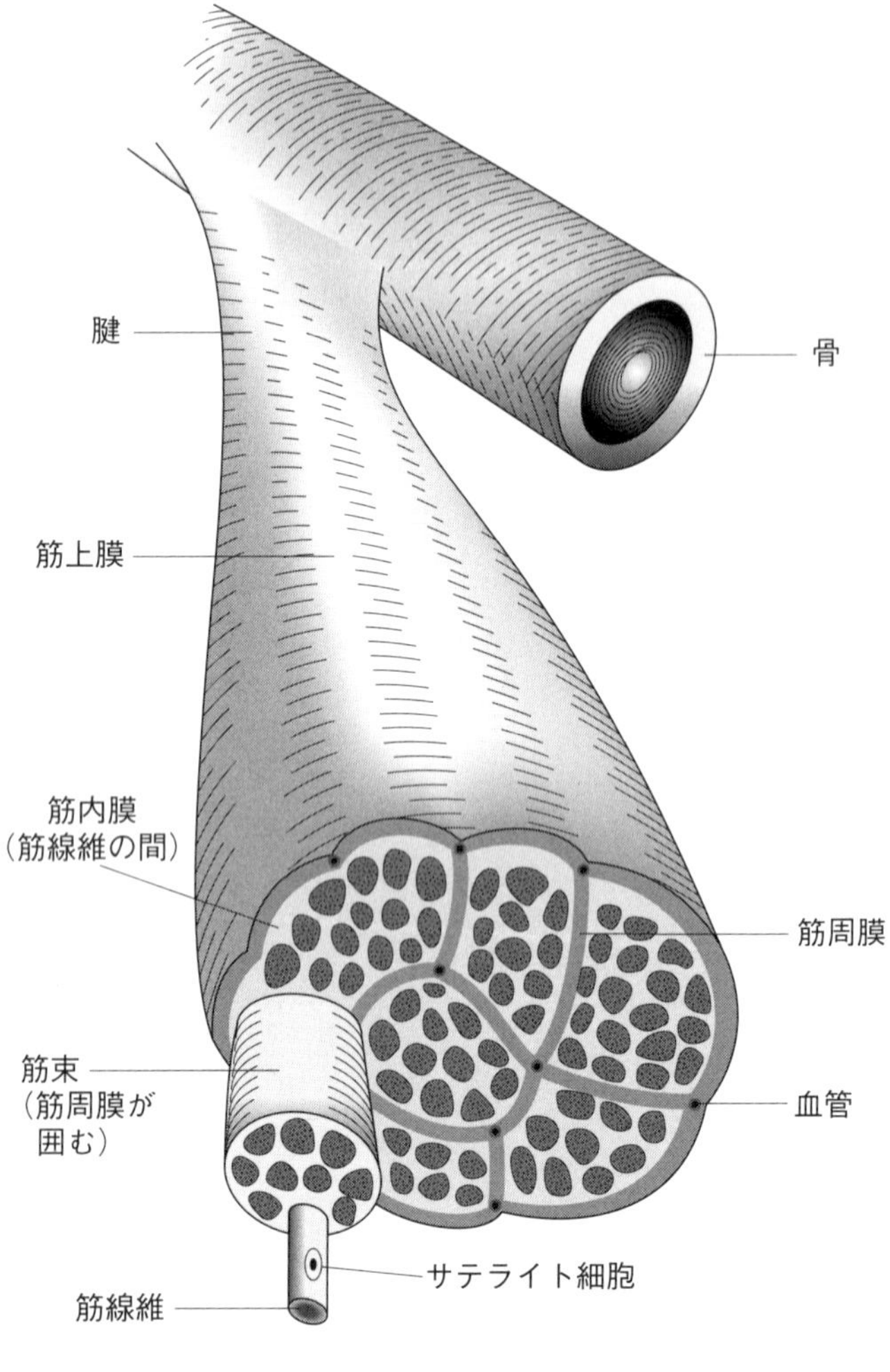

腱
骨
筋上膜
筋内膜
（筋線維の間）
筋周膜
筋束
（筋周膜が
囲む）
血管
サテライト細胞
筋線維

サテライト細胞の役割

筋線維のような多核体では、核だけが分裂して増えるということはありません。したがって、どこからか核を輸入する必要があります。この核の供給源となっている細胞は、おそらくサテライト細胞と呼ばれるものです。

サテライト細胞は、筋が形成される過程で最終的に筋線維に分化せずに残った、「筋線維のもとになる細胞」（筋芽細胞）です。筋線維と筋線維を包み込む「基底膜」という膜の間にあって、筋線維に寄り添うように貼りついています。これまで、サテライト細胞は筋線維が損傷したときなどに分裂・増殖し、これを修復したり、新たに筋線維を再生したりすると考えられてきました。

しかし、最近では、サテライト細胞がトレーニング刺激によって分裂・増殖し、もとの筋線維に融合することによって、筋線維の核数を増やすのであろうと考えられるようになりました。実際、マウス骨格筋にγ線を照射すると、サテライト細胞は分裂できなくなりますが、こうした状態で筋に過負荷をかけても、筋線維の肥大が起こらなくなります。

一方、サテライト細胞には、単独で新たな筋線維をつくる能力もありますので、トレーニングによって、若干ですが筋線維の数が増える可能性があります。実際、ラットでは、トレーニング後の筋の中に、細い筋線維が新たに出現します。こうして筋線維の数が増えれば、〝器〟

の数が増えますので、トレーニングを続けることによってさらに筋が肥大できることになります。

筋線維の数を決める物質

そもそも、生まれながらにして筋の中にある筋線維数には個体差があります。筋線維の多い人はその分、トレーニングによって筋肥大しやすいといえます。こうした筋線維の数を決める要因の一つが、ミオスタチン（マイオスタチン）という成長因子であることがわかってきました。

ミオスタチンは筋線維自身から分泌され、筋芽細胞の分裂を抑制することで、筋線維の形成と筋肥大を抑えるはたらきをもちます。胎児期には、このミオスタチンが多量に分《ぶん》泌され、分娩《べん》前の胎児の過剰成長を抑えています。一方、出生後にはミオスタチンの分泌量が低下し、著しい筋・骨格系の成長が起こります。したがって、この時期のミオスタチンの分泌量の差によって、生来の筋線維数の差が決まると考えられます。

さらに、マウスを用いた私たちの研究から、筋に過負荷をかけたときにもミオスタチンの分泌量が低下することがわかりました。したがって、長年にわたりトレーニングを行うと、少しずつ筋線維が増えていくと考えられます。

これまで述べたことから、「筋の記憶」の仕組みについて、少なくとも二つの可能性が考えられます。

一つは、長年のトレーニングによって筋線維内の核数が増え、トレーニングを中断し筋が萎縮しても、核数は増えたままであるという可能性です。このような状態であれば、筋線維はトレーニング再開後、比較的速《すみ》やかに元のサイズに戻るでしょう。

もう一つは、長年のトレーニングによって筋線維数が増えていて、たとえ筋が萎縮してもその数は減らず、個々の筋線維が萎縮しているという可能性です。この場合にも、トレーニングを再開すれば、筋のサイズは元に戻りやすいでしょう。これらの両方が同時に起こることも、もちろん考えられます。

2　ブレーキとしての筋

「バーベルを下ろすこと」の大切さ

ウエイトトレーニング（最近では「レジスタンストレーニング」と呼びます）といえば、「バーベルをもち上げること」を即座に連想します。しかし、上げたバーベルは次に下ろさなければなりませんので、正確には「バーベルを上げ下げすること」となります。

トレーニングによって筋が太くなり、筋力が増すことは立証されています。しかし、これらの効果がバーベルを何度ももち上げた結果なのか、逆に何度も下ろした結果なのかは、実は明らかではありません。

短縮性動作と伸張性動作

バーベルを上げるとき、筋は力を発揮しながら短縮します。一方、バーベルを一定の速度で下ろすとき、筋は力を発揮しながら伸張されます。したがって、**バイオメカニクス**※の分野では、前者を短縮性動作（コンセントリック・アクション）、後者を伸張性動作（エキセントリック・アクション）と呼びます。

ある重さのバーベルを上げ下げする場合、筋が発揮する力は、上げるとき（短縮性運動）も下げるとき（伸張性運動）も同じです。短縮性動作では筋はモーターとしてはたらき、伸張性動作では筋はブレーキとしてはたらくといえます。

トレーニングを行うときの短縮性動作と伸張性動作、それぞれの効果は質的に異なるのでしょうか。筋を肥大させたり、筋力を高めたりする効果はどちらが大きいのでしょうか。これらを厳密に調べた研究はあまりありません。そこで、このような問題について私たちが行った実験の一部をご紹介しましょう。

同じ人の左右の腕（肘屈筋《ちゅうくっきん》）に、プリーチャーベンチカール（専用の台を用いた肘屈筋のトレーニング種目）という、おなじみのトレーニングをさせます。ただし、たとえば右腕はダンベルを上げる動作（短縮性動作）のみ、反対に左腕はダンベルを下ろす動作（伸張性動作）のみ、といった具合に、左右でやり方を変えます。

その結果、ダンベルを下ろすトレーニングを行った腕のほうが、トレーニングの後で筋断面や筋力が増える割合が大きいことがわかりました。つまり、「ダンベルを上げる動作」よりも「ダンベルを下ろす動作」のほうが、トレーニング効果が大きいということになります。

普段私たちが行っているトレーニングでは、実験の場合のように厳密に負荷を設定しませんので、この結果をただちに一般化するわけにはいきません。しかし、あえて大まかに見積もると、バーベルの上げ下げを交互に行う通常のトレーニングでは、全体の効果のうち40％程度が短縮性動作に、60％が伸張性動作すなわち「バーベルを下ろす動作」によるものと考えることができます。

「ブレーキ」で筋が壊れる

ところで、伸張性動作には、「筋を破壊する」というもう一つの側面があります。大きな負荷を用い、伸張性動作を主として行うトレーニング（伸張性トレーニング）をすると、強烈な

バイオメカニクス　スポーツの分野では、力学、生理学、解剖学などを活用して身体運動を分析する学問。

短縮性動作と伸張性動作

筋肉痛と著しい筋力の低下が起こります。これらは、初回のトレーニング後2～3日でピークに達し、完全に回復するまで1ヵ月近くかかることもあります。その原因は、筋の微細構造が壊れ、強い免疫（炎症）反応が起こるためと考えられています。

脚の筋群について見ると、山や階段を登るときには短縮性動作を繰り返し、下りるときには伸張性動作を繰り返すことになります。ネズミを二つのグループに分け、一方に坂をかけ上がる運動、他方に坂をかけ下りる運動をさせると、坂をかけ下りたネズミの筋に、より大きなダメージが生じます。人間の場合にも、たとえば山登りをした後で筋肉痛に悩まされるのは、山を登ったためではなく、山を下りたためといえるのです。

修復過程も強く刺激する

それではなぜ、伸張性トレーニングのほうが大きな効果が得られるのでしょうか。それは、私たちの身体の中の修復機能自体も、トレーニングによって同時に高められるためと考えられます。実際、最初のトレーニング後には強い筋肉痛が続きますが、それをある程度我慢して2回目、3回目とトレーニングを重ねると、筋の損傷からの回復速度が著しく高まることが示されています。

長期的な筋のダメージをともなうことから、伸張性トレーニングが敬遠された時期がありました。そのような時期につくられた、あるメーカーのマシンについて調べたところ、伸張性動作時の負荷が、（同じ重量をセットしたときの）短縮性動作時の負荷の80%しかありませんでした。他の多くのマシンでも、機械的摩擦などで、伸張性動作時の負荷が軽くなる傾向があるようです。

私たちの実験結果から見れば、このことはマシントレーニングの大きな欠点の一つといえるでしょう。「走る」「跳ぶ」など、すべてのスポーツの基本となる運動で、伸張性動作はきわめて重要な役割を果たしています。したがって、普段から伸張性動作による筋のダメージに対する抵抗力を高めておかないと、持続して高度なパフォーマンスを発揮できないということになると思います。

これらのことから、伸張性トレーニングは今後ますます注目されてくると考えられます。普通のトレーニングを行う場合でも、「ていねいにバーベルを下ろすこと」が重要であることはいうまでもありません。トレーニング科学はまだ未熟ですので、多くの場合、経験が実証に先んじるようです。トレーニングの熟練者で、雑なバーベルの下ろし方をしている人はあまり見ませんので、多くの読者には「釈迦に説法」だったかもしれません。

ダウンヒル・ランと筋の損傷

正月にはさまざまなスポーツのイベントが行われますが、なかでも大学対抗の箱根駅伝は、すっかり定着したといえるでしょう。この駅伝を見ていて気づくことの一つに、往路に強い大学が必ずしも復路にも強いとは限らないということがあります。

この要因の一つは、往路が長い登り坂を含み、逆に復路が長い下り坂を含むことにあると思われます。登り坂に強い、下り坂に強い、平地で速い、などといった特性は、選手によってはっきりと分かれてきますので、勝つためにはそれぞれの特性をもつ選手をまんべんなく揃える必要があります。実は、これには、登り坂走（アップヒル・ラン）と下り坂走（ダウンヒル・ラン）で、まったく異なる生理学的メカニズムがはたらいていることに起因しています。

ダウンヒル・ランと筋の伸張

登り坂と下り坂のどちらが楽かと聞かれれば、おそらくすべての人が、下り坂と答えるでしょう。エネルギー消費の点から見ると、標高の高い所では位置エネルギーが高くなりますので、その分、坂を登るためには余計にエネルギーが必要です。まったく逆に、坂を下るときには、位置エネルギーに相当するエネルギーを外界からもらうことになります。

理論的には、体重70kgのヒトが標高差100mを登るのと下るのとでは、消費するエネルギーに約40kcalの差が生じます。したがって、登り坂を走るためには、より大きなエアロビック・パワーが必要です。

筋肉のはたらき方についてはどうでしょうか。登り坂では、下肢の多くの筋群が、より高い位置に身体を移動させるために、より大きな仕事をしながら短縮します。逆に、下り坂では、筋が力を発揮しながら伸張されることによって、ブレーキをかけるように作用する場面が圧倒的に増えてきます。50ページで述べた伸張性動作（エキセントリック・アクション）です。

このような動作を繰り返すと、筋には著しいダメージが生じます。したがって、筋肉の立場からいえば、下り坂が楽とは必ずしもいえないことになります。

筋の伸張が引き起こすこと

よくジョギングをする人であれば、長い下り坂を走った直後に、膝が急に定まらなくなり、走るのがきつくなった経験があるかと思います。ダウンヒル・ランや伸張性収縮（エキセントリック収縮）にともなって筋がどのように変化するかについては、膨大な数の研究が行われています。

まず、（おそらく強い力学的ストレスによって）筋線維の中の、力を発生するために重要な構造や、筋線維の細胞膜に微小な損傷が生じ、その結果急激な筋力低下が起こります。肘屈筋を対象にした私たちの実験では、伸張性トレーニングの直後に、最大筋力が平均60％にまで低下しました。

このような即効的な変化からやや遅れて、本格的な筋の損傷と、その修復が始まります。白血球が損傷部位に集まり、免疫作用を示すとともに、損傷した箇所を徹底的に解体します。同時に、こうした過程で生じるいくつかの物質が、筋線維の修復・再生や、結合組織の合成を促します。

これらの過程が始まるときには、筋肉が腫れ（浮腫）、激しい筋肉痛（遅発性筋痛）が起こります。運動後2日から3日がそのピークとなります。よくトレーニングされていない人では、このような状態から完全に回復するのに約1ヵ月かかります。山登りの後の筋肉痛は、山を登ったためでなく、山を下りたために起こるのです。

筋の伸張と筋線維の使われ方

速筋線維と遅筋線維についてはすでにお話ししましたが、負荷が軽い運動では、筋の中の遅筋線維から優先的に使われる仕組みになっています（第4章の「サイズの原理」とトレーニングの項146ページで詳述）。私たちは、そのようにしてエネルギーをセーブしているのです。逆に、筋力を増すためのトレーニングでは、速筋線維を十分に使うようにしなければいけませんので、重い負荷が必要になるわけです。

ところが、伸張性収縮では、負荷がきわめて軽い場合でも、速筋線維から優先的に使われることがわかってきました。伸張性収縮がトレーニングにおいていかに重要であるかは、前述した通りですが、こうした速筋線維の使われ方の違いもその理由の一つになっています。

このように考えると、ダウンヒルに強い選手は、他の選手と比べて速筋線維が多いのかもしれません。また、たとえ平地を走る場合でも、着地時には多かれ少なかれブレーキがかかりますので、長距離走は伸張性収縮の繰り返しともいえます。このように、伸張性収縮とそれに対する抵抗力の観点から、長距離選手のレジスタンストレーニングについて見直す必要があるでしょう。

筋肉の収縮と「動く」分子

筋を「ブレーキ」として使う伸張性収縮では、筋は大きな力を発揮しますが、同時に微小な筋損傷も生じます。これには骨格筋の収縮の分子的メカニズムが関係しています。随分と細かい話で、「こんなこと知ってトレーニングに役立つの?」と感じる方も多いかもしれません。しかし、スポーツにかかわる人が、運動のエンジンである筋肉の詳細について強い関心を抱くことは、とても大事なことだと思います。

筋肉の「分子モーター」:ミオシン

筋収縮の源《みなもと》は、筋線維の中に大量に存在するミオシンというタンパク質です。ミオシンは筋線維内で「太いフィラメント」という繊維状の構造をつくり、「アクチンフィラメント」という別の繊維状の構造と相互作用して、これを引っぱるように力を発生します。この力を発生す

「人工筋肉」をつくる

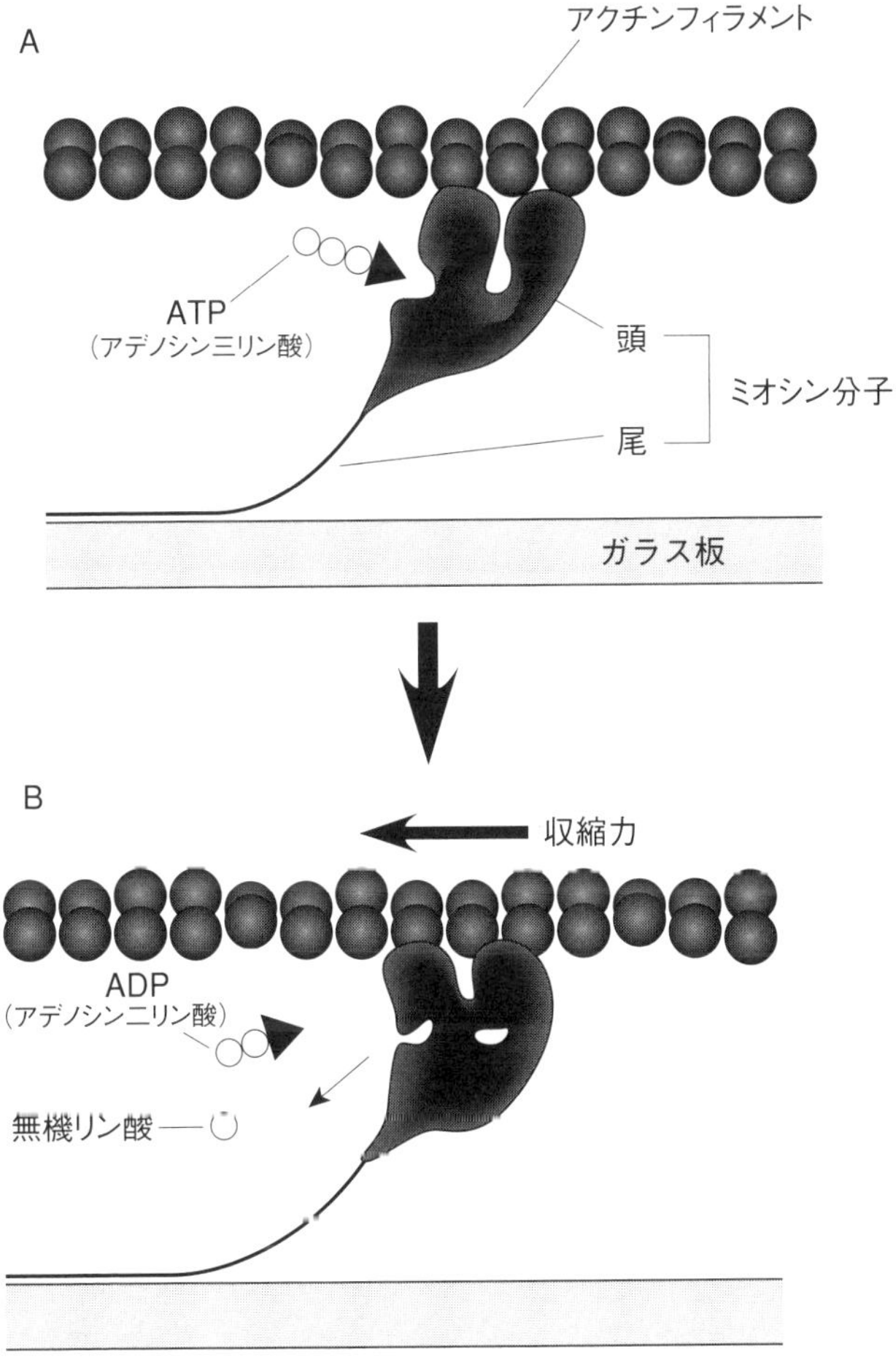
A
アクチンフィラメント
ATP
（アデノシン三リン酸）
頭
ミオシン分子
尾
ガラス板
B
収縮力
ADP
（アデノシン二リン酸）
無機リン酸

る仕組みを調べるためには、実際の筋肉の中の構造は、ある面では複雑すぎます。そこで、より単純な構造の実験系をつくる試みがなされてきました。

筋肉からミオシンを取り出すことはむずかしくありません。大ざっぱにいえば、食肉処理場から新鮮な肉をもってきて挽肉にし、これを濃い食塩水に入れてかき回してからガーゼで濾《こ》すと、バラバラになったミオシンを多量に含む、ねっとりとした液体が得られます。

1個のミオシン分子は、洋梨形をした2個の「頭」と1本の「尾」からできていて、頭の直径はおよそ1万分の1㎜です。これが実際にどう動くかをじかに見ることはとてもむずかしく、やっとできそうになってきたのが現状です。

59ページの図のように、このミオシン分子をガラス板の上に固定し、別に精製したアクチンフィラメントと相互作用させることで、単純な実験系としての「人工筋肉」をつくることができます。アクチンフィラメントの一端は、焦点を絞ったレーザー光(「光ピンセット」と呼ぶ)で固定することができ、こうして、ミオシン分子1個が発生する、100億分の1gという超微小な力が直接測られました。

ミオシン分子は「変形」する

このような実験系を用いた研究が発展する一方、遺伝子工学を用いてミオシン分子の構造をつくり変え、ミオシンの頭の「結晶」をつくるような技術も飛躍的に進歩しました。こうした研究から、ミオシンの頭の構造の詳細がほぼ完璧に解き明かされました。

ミオシン分子が燃料であるアデノシン三リン酸（ＡＴＰ）※を結合する部分は、「くぼみ」のようになっていて、口をパクパクと開けたり閉めたりするように動きます。乱暴なたとえ方をすると、大きな口を開けてアデノシン三リン酸をくわえ込み、エネルギーを吸い取った後に、口を閉じてアデノシン三リン酸の分解物を吐き出すような動きです。

このとき、ミオシンの先端がアクチンフィラメントと結合していれば、図のＡ→Ｂのように、一定方向に力が発生します。次にアデノシン三リン酸をくわえ込むときには、ミオシンはいったんアクチンフィラメントから離れます。そして再びＡ→Ｂを繰り返します。このように、まるでミオシン分子がアクチンフィラメントの上を「歩く」ようにして筋収縮が起こります。

ただ、私たちが歩くように、ミオシンの二つの頭がそれぞれ交互に動くかはわかっていません。むしろ、同時に動くとする説のほうが優勢です。

※ＡＴＰ　アデノシン三リン酸という化合物。筋肉が収縮するために必要なエネルギーを供給する物質で「エネルギーの通貨」ともいわれる。炭水化物、脂質、タンパク質を分解してこのＡＴＰを合成する反応系を「エネルギー代謝系」と呼ぶ。

「ウォーキング」か「スケーティング」か?

ところが、ここで困った問題があります。ミオシン分子の変形の程度（歩幅）が小さすぎて、軽い負荷で筋肉がすばやく収縮しているときのスピードをうまく説明できないのです。

この点は、ここ20年ほどの間ずっと論争されてきていて、まだ決着をみていません。これも乱暴なたとえですが、ミオシンは「歩く」（ウォーキング）のではなく、「歩くような滑るような」（スケーティング）仕組みで筋収縮を起こすのかもしれません。

伸張性筋力は1個の分子でも発生する

これまで、伸張性（エキセントリック）収縮については何度か触れてきました。筋肉が力を発揮しながら伸張されると、個々の筋線維は、※**等尺性最大張力**（P_0）を超える大きな力を発揮します。おそらくこのことが一因となって遅発性筋痛が起こりますが、逆にこれをうまく利用することが大きなトレーニング効果を得るためにも重要です。

また、跳躍や※**プライオメトリックトレーニング**では、エキセントリックな筋力を積極的に利用します。私たちは、特殊な技術を用いて、59ページの図のような実験系のミオシン分子に伸張性張力を発生させることに成功しました。図中Bの矢印と逆方向にアクチンフィラメントを引っぱってやると、ミオシンは等尺性張力の約1・4倍まで力を発生しました。

いわば「分子のエキセントリックトレーニング」ですが、実際のトレーニングで出合う局面が、小さな分子の性質を反映している事実には、研究者としても驚かされます。

3　上手に筋を使う——運動の源としての筋

筋力発揮の上手・下手

さまざまなスポーツの競技力を上げるために、レジスタンストレーニングが効果的なことは、現在では半ば常識になっています。しかし、トレーニングによって増大した筋力が、具体的にどのように競技力に反映されるかについては、十分にわかっているわけではありません。ここでは、筋力と動作が示す一見不思議な関係について説明します。

等尺性最大張力　筋全体の長さを変えずに筋が張力を発揮する収縮のこと。このとき関節の動きはなく、姿勢も変化しない。

プライオメトリックトレーニング　あらかじめ筋肉を引き伸ばし（予備伸張）、ただちに短縮させるトレーニングのこと。筋の伸張－短縮サイクルを利用して瞬間的に大きな筋力を発揮する能力を高め、ダッシュ力やジャンプ力など筋パワーを向上させる。

ヒトの筋が発揮できる力

私たちヒトの骨格筋が、最大限どの程度の力を発揮できるかについては、正確な測定がなされているわけではありません。これは、生きたままの筋をヒトの身体から摘出できないことによります。

生体内での最大筋力を測り、次にMRIなどで筋断面積を測り、さらに関節の構造や、筋が骨のどの位置に付着しているかなどを考慮して単位断面積（1㎠）当たりの筋力を推定するのが最も一般的な方法です。このようにして断面積当たりの筋力を推定すると、約6㎏／㎠になります。タバコ1本の断面積は約0・5㎠ですから、私たちの筋からタバコ1本分の太さの組織を切り出してきて筋力を測ると、約3㎏の力を発揮することになります。これは相当に大きな力です。

全身の筋の能力

右で述べた断面積当たりの力から、私たちの身体がトータルでどのくらい力を発揮できるかを推定してみましょう。

体重70㎏の平均的なヒトで考えてみます。身体の全質量の約40％が筋ですので、筋の総質量は約28㎏。筋の比重を1・0としてその体積を求めると、約28×1000㎤になります。次に筋線維の長さですが、これは筋によってさまざまで、平均10㎝以下と考えられています。これを10㎝として筋の総断面積を求めると、約２・８×１０００cm^2になります。

これに、右の６kg／cm^2を掛けたものが、このヒトが理論的に身体の内部で発揮できる筋力の合計となり、その値は約17×１０００kg、すなわち約17ｔということになります。トップビルダーなどでは、この値は25ｔを超えることでしょう。

筋力と神経系

このように、私たちの筋は、想像を絶するほどの力発揮能力をもっています。仮に身体中の筋が同時に最大筋力を発揮すると、いたるところで腱が切れたり、骨が折れたりしても不思議ではありません。ハイレベルの腕相撲などでときどき骨折が起こるのもこのためです。

こうしたことが起こらないように、神経系が筋のはたらきをうまく調節しています。筋力発揮には、神経系による抑制がはたらいていて、随意的に発揮できる筋力は、理論的な最大筋力の50～70％程度に抑えられています。また、ある特定の筋が力を発揮する場合には、共同筋や関節を取り巻く小筋群、また、ときには拮抗筋も同時に活動して、ストレスが局所に集中するのを防いだり、力が効率的に伝達されたりするのを助けると考えられます。

スプリンターと長距離ランナーの膝伸展力

こうしたことは、たとえ単純な動作で筋力を発揮する場合でも、身体の中ではさまざまな調節過程がはたらくことを示します。下半身の筋力の目安として、大腿四頭筋による膝伸展力（レッグエクステンション）がよく用いられます。スプリンターと長距離ランナーでこの力を測ると、前者のほうが当然大きな力を示します。

ところが、筋電図を用いて、膝伸展力を発揮しているときの膝伸筋と膝屈筋（ハムストリングス）の活動をそれぞれ調べてみると、スプリンターでは屈筋がかなり強く活動するのに対し、長距離ランナーでは屈筋がほとんど活動しないという報告があります。これを素直に解釈すると、膝伸展力の発揮については、スプリンターより長距離ランナーのほうが（ムダがないので）上手であるということになります。なぜこうした矛盾が生じるのでしょう。その理由として次の二つが考えられます。

一つは、スプリンターの動作で重要なのは、単純に強く膝を伸展することではなく、協調的に膝と股関節を伸展することだからです。すなわち、膝を強く伸展するときに、股関節の伸筋であるハムストリングスもほぼ同時に活動したほうが、身体を前方に加速するための力を効率的に生み出すことができます。長いスプリントトレーニングの結果、そのような神経系の作用がつくり上げられるのでしょう。

二つ目は、安全性の問題です。先の理論からも推察できるように、膝伸筋が最大筋力を発揮すると、膝関節には５００kgを超える力学的ストレスがかかります。このようなストレスで膝が壊れないようにするためには、拮抗筋をはじめとしたいくつかの筋群を動員して、動作中に膝関節を安定させる必要があると考えられます。

したがって、レッグエクステンションでの筋力発揮については長距離ランナーのほうが上手ですが、より広い視点での筋力発揮についてみれば、スプリンターのほうが上手ということになります。このことはまた、トレーニングにおいて「拮抗筋をバランスよくトレーニングすること」や、「スクワットなどの複関節動作の種目を優先的に行うこと」が重要な理由の一つにもなります。

大腰筋の機能とトレーニング

大腰筋という筋肉が運動生理、整形外科、カイロプラクティックなどのさまざまな分野で、注目されてきています。この筋肉については、すでに第1章の「見える筋肉、見えない筋肉」（20ページ参照）で取り上げましたが、ここではもう少し詳しく考察してみましょう。

大腰筋の機能

大腰筋は、腰椎に始まり、途中で腸骨に始まる腸骨筋と融合して骨盤内側を通り、大腿骨に終わる多関節筋です。大腰筋と腸骨筋を合わせて腸腰筋とも呼びます。脊柱《せきちゅう》と内臓の間にあって、「見えない筋肉」の典型ですが、腰部のＭＲＩ横断像などでは、脊柱の左右を走る、太い明瞭な筋として観察されます。

大腰筋には主に次の三つの機能があります。

①股関節を屈曲させる

②直立姿勢のときに骨盤を前傾させる（骨盤を立てる）

③腰椎を腹側に引き込むことにより背屈させ、脊柱のＳ字形を維持する

①と②の機能での拮抗筋は大殿筋《だいでんきん》やハムストリングスなどの股関節伸筋群です。これらは外観上もきわめて大きな筋ですので、その分大腰筋も太く強い筋である必要があると考えられます。

機能①は、「腿《もも》を前方に振り出したり、高く引き上げたりする動作」です。したがって、「走る、跳ぶ、蹴る」など、スポーツの基本的な動きと深いかかわりをもちます。また、大腿直筋が単に股関節を屈曲させるのに対し、大腰筋と腸骨筋は骨盤を引き上げながら股関節を屈曲させますので、骨盤の動きをともなう、大きくしなやかなストライドを可能にするものと思われ

大腰筋＋腸骨筋＝腸腰筋

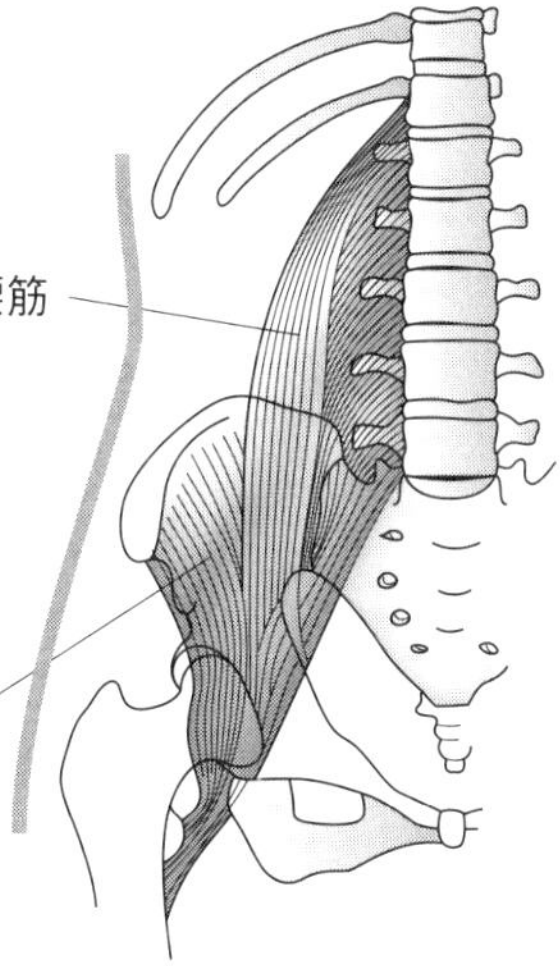

股関節筋群

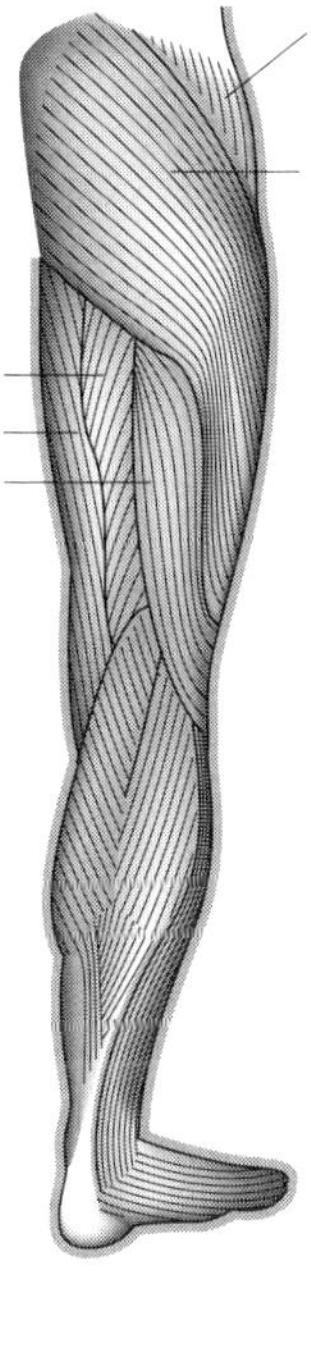

ます。

こうしたことから、大腰筋は高いスプリント能力を得るためのキーポイントの一つと考えられるようになってきています。黒人はそもそも白人と比べて3倍以上も太い大腰筋をもつと前述しましたが、このことと、黒人の生来のスプリント能力は無関係ではなさそうです。

また、大腰筋が大きければ、拮抗筋である大殿筋も大きく、脊柱のS字形も強くなる可能性がありますので、〝メリハリ〟のあるヒップラインをつくる要因ともいえるでしょう。

腿を振り出したり、引き上げたりする動作は、高齢者の場合には歩行能力に関連してくると考えられます。また、歩行時に十分に腿を引き上げられないと、ちょっとした段差にもつまずいて転倒する原因になります。

筑波大学が中心となって行った調査によれば、歩行速度が高く、また転倒の危険性も低い高齢者では、大腰筋が太いという傾向があるそうです。さらに、大腰筋のトレーニングを行うことにより、高齢者の歩行能力に著しい改善が見られたことが報告されています。

腰痛と大腰筋

大腰筋は、腰椎のS字形を維持する機能をもつことから、腰痛の発症にも関連する可能性があります。実際、黒人では、白人や黄色人種に比べ腰痛の発症率が低いといわれています。

大腰筋が弱いと、腰椎を前方に引く力が弱くなるばかりでなく、骨盤が後傾しますので、極端な場合、腰椎や胸椎を前屈し、顎を前方に突き出すようにしないと、直立時のバランスがとれないことになります。いわゆる「猫背」です。こうした姿勢は、そもそも腰椎の椎間板や棘《きょく》間靱帯《かんじんたい》にストレスをかけるもとになります。

反対に、大腰筋が強ければ、たとえばデッドリフトの場合のように、脊柱に強い負荷がかかっても、腰椎のS字形を維持することができるので、いかなる状況下でも腰痛の危険性が低減すると考えられます。昔から行われている**操体法**※や腰痛体操でも、大腰筋によって骨盤を交互に引き上げるような動作が多数用いられています。

あるテレビ番組の取材に関連して行った測定では、大腰筋の細い人に、肩こり、冷え症、血行不良、肥満などの傾向が見られました。姿勢の悪さによる全般的な身体活動の低下が原因と思われますが、一方、短期間の大腰筋のトレーニングによって、安静時の代謝が増大し、肥満が改善する傾向も見られました。

このことは、大腰筋の活動と腰椎のアライメント（姿勢）が、腰髄や仙髄の側面にある交感神経節の活動に影響を及ぼす可能性を示唆しています。

操体法　二足歩行動物としての人間にとって最も自然な身体の動きと、不自然な動きによって起きる身体の歪みを見きわめ、歪みのない身体を保つことが操体。操体の中で、全身から各指先の細部におよぶ具体的で体系的な身体の動かし方が操体法。

デッドリフト

レッグレイズ

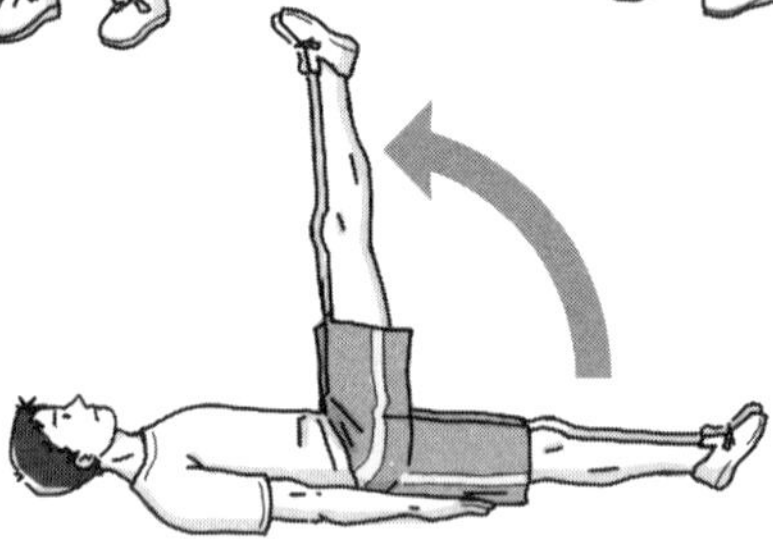

フロントランジ

大腰筋のトレーニング

大腰筋の動きは外からよく見えないことから、これを専門的にトレーニングする種目はあまり考えられていません。股関節を強く屈曲させる動作であれば、多かれ少なかれ大腰筋を使いますので、レッグレイズ、ハンギングレイズなどは効果的でしょう。また、フロントランジでも、踏み込み時のブレーキとして大腰筋がエキセントリックにはたらくと考えられます。

高齢者や初心者の場合には、「腿上げ」や「ニーツーチェスト（膝を曲げて胸に引きつける運動）」がよいと思われますが、単に腿を上げたり引きつけたりするのでなく、骨盤と大腿部の両方を動かすように心がけることが重要でしょう。また、日常生活では、なるべく大股で歩くようにするとよいと思います。

大腰筋パラドックス!?

私事で恐縮ですが、２００３年の2月と3月に続けて本を出版しました。いずれも大腰筋をトレーニングすると、即効的に姿勢がよくなり、体脂肪も落ちるという内容です。大腰筋については専門的な研究テーマというわけではないのですが、ある程度データが集まってきましたので、改めてご紹介します。

パラドックスその1

大腰筋の機能は、「見える筋肉、見えない筋肉」(20ページ参照)と「大腰筋の機能とトレーニング」(67ページ参照)の項でも取り上げましたが、おさらいをしておきましょう。

大腰筋は、腰椎に始まり、途中で腸骨に始まる腸骨筋と融合して骨盤内側を通り、大腿骨基部内側に終わる筋です。大腰筋と腸骨筋を合わせ腸腰筋とも呼びます。主に次の三つの機能があります。①股関節を屈曲させる　②骨盤を前傾させる　③腰椎を斜め前方に引き下げ脊柱のS字形を維持する。

ところが、以前から、股関節屈筋である大腰筋(+腸骨筋)は、股関節伸展のときにもはたらくと考えられていて、「腸腰筋パラドックス」と呼ばれてきました。

強く脚を後方に蹴る(バックキック)、典型的な股関節伸展動作を考えてください。このとき、背中を丸めて行うとうまく脚が上がりません。正しいバックキック動作では、胸を張って腰椎を伸展させ、同時に骨盤を前傾させることで脚をさらに後方に蹴り上げます。したがって、必然的に大腰筋がはたらき、エキセントリックな力発揮をすることになります。

このような状況は、スクワットでのハムストリングスのはたらきに似ています。すなわち、大腰筋が腰椎から骨盤を経由した多関節筋であるという特性に基づく当然の機能と考えられます。

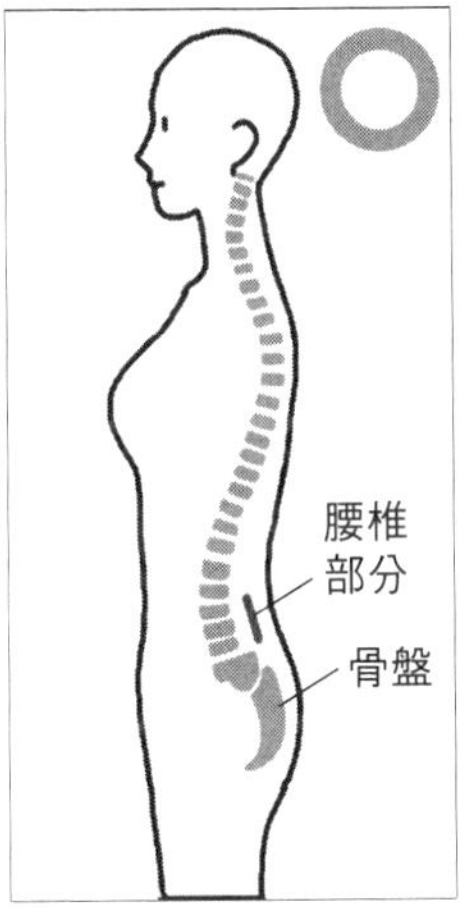

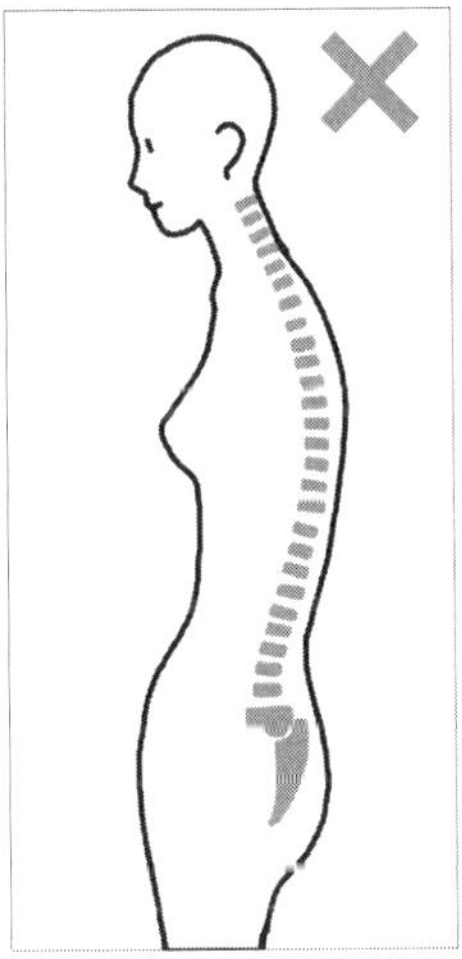

よい姿勢

パラドックスその2

もう一つパラドックスがあります。それは、「猫背」に関係したことです。

出版した本では、猫背の原因は「大腰筋の弱化による骨盤の後傾である」と書いてしまいましたが、実はこれが完全には正しくないことがわかりました。確かに、骨盤の後傾がもとで腰椎がまっすぐになり、胸椎上部から頸椎にかけて急激に前屈してしまう場合がありますが、これは高齢者に多いようです。

若い女性を対象に調べてみると、逆に骨盤が前傾しすぎて、腰椎のS字全体が深くなりすぎる場合が多いようです。こうなると内臓が腰椎と骨盤に押し出されるようにして下垂し、下腹部が目立ってせり出してしまいます。ところが、この場合にも、大腰筋のトレーニングをすると、短期間で驚くほどの改善効果があることがわかりました。大腰筋は基本的に骨盤を前傾させるはずなのに、なぜでしょうか?

おそらくその答えは以下のようなものと考えています。

正しく直立した姿勢を真横から見ます。つま先と踵《かかと》の中点から上に垂線を延ばすと、その線上には、股関節、第2腰椎（へそ直下）、肩関節、頭の中心部が位置するはずです。第2腰椎は大腰筋の起始側の中心で、しかも身体の重心位置に近いところです。したがって、この位置を身体の中心線上に保つことが重要で、このときの骨盤の位置と傾斜角が理想的となります。

大腰筋は、腰椎と大腿骨基部を直接結ぶ唯一の筋ですので、腰椎の位置が前方に出すぎた場合（骨盤は前傾しすぎ）、後方に下がった場合（骨盤は後傾）のいずれの場合にも、その位置を股関節の真上に修正するはたらきをもつものと考えられます。

姿勢への即効的効果の実例

まだ断片的なデータの寄せ集めですが、姿勢に問題があった25～36歳の女性11名についての例をご紹介します。

足踏み、骨盤引き上げ、レッグレイズの3種目のエクササイズを1日おきに行ってもらったところ、すべての人が2週間でほぼ完全に75ページの図のような理想的な姿勢になりました。平均の数値で見た場合、最も顕著に変化したのはウエストサイズで、2週間で95・9％に、1ヵ月で93・6％になりました。一方、体重は2週間で97・9％、1ヵ月で96・3％、体脂肪率は2週間で99・1％、1ヵ月で93・3％になりました（いずれも初期値を100％とする）。

このことから、最初の2週間では、体重や体脂肪率はあまり変化することなく、主に姿勢が改善されることにより、見た目にもスタイルがよくなることがわかります。こうした変化が起こると、日常の動作なども改善され、やがて体脂肪そのものが減るという相乗効果をもたらすものと考えられます。

このように考えると、大腰筋はスポーツやトレーニングのさまざまな動作に関連することになります。たとえば、地面を後方に強く蹴る動作、股関節を伸展してジャンプするような動作、重心を安定して沈める動作（ランジ動作）などでも重要といえるでしょう。また、トレーニングでは、正しいスクワットやデッドリフトを行う上でも重要になります。

すると、普段スクワットやデッドリフトを行っている人には、とくに大腰筋を意識したトレーニングは必要ないということにもなりますが、これもパラドックスのようになってしまいますので、改めてもう少し考えてみることにします。

動作のスピードと筋力

２００３年の暮れ、プロ野球のトレーナー・ドクターミーティングに招かれ、①スポーツパフォーマンスと筋力の関係　②コンディショニングでの筋力の重要性　③アスリートのための筋力トレーニングの工夫、の３点について講演をしました。

これらの中で、改めてスポーツパフォーマンスと筋力の関係を考えてみると、これを体系的に分析した書物や文献がきわめて少なく、十分に理解されていないことに気づきます。そこで、やや基礎的なテーマになりますが、スポーツパフォーマンスにおいて重要となる動作スピードと筋力の関係について考えてみましょう。

スピードを決める要因

多くのスポーツでは、まず動作のスピードが筋力より重要になります。たとえば、野球のピッチャーではボールを離す瞬間の指先のスピード、バッターではボールをとらえる瞬間のバットのスピード、ジャンプ系競技では離地の瞬間の重心移動のスピードがそれぞれ、球速、球の飛距離、ジャンプ高などを規定する第1の要因になります。これらは物理法則に基づいています。

一方、現場では長い間、スピードが何で決まるかがよく理解されていなかったために、「スピードと筋力は別物」といった誤解を生じてきた傾向があります。結論から述べると、動作のスピードは、①筋力　②筋力発揮の仕方　③筋のスピード　④神経の協調性　⑤筋と骨の長さ、の五つの要因で決まります。

このうち、①～④はトレーニングによって改善可能な要因と考えられるもので、以下に順を追って詳述します。

◉筋力と加速度

すべての動作は「速度ゼロ」から始まりますので、高いスピードを達成するためには、大きな加速度が必要です。物理法則から、〈力＝質量×加速度〉ですので、〈加速度＝力／質量〉となります。

したがって、腕とボール、腕とバット、全身などの質量に対して、どれだけ大きな筋力を発揮できるかが、先に挙げたそれぞれの動作での加速度を決めるということになります。実際、ジャンプ動作では、〈地面反力／体重〉が大きいほど跳躍高が高くなります。

◉加速のタイプ：弓型とピストル型

ところが、単に測定上の最大筋力が増えることが即スピードにつながるわけではなく、筋力発揮の仕方も重要になります。たとえば、力の上限は低くとも、なるべく長いストロークで加速を続けられれば、最終的な速度は高くなります。これを「弓型の加速」ということができます。ピッチャーで「球離れが遅いほうがよい」といわれるのはこのためです。

一方、短い時間の間に爆発的な筋力を発揮して加速度を生む方法があり、「ピストル型の加速」といえます。こちらには、筋力が高いだけでなく、瞬時に大筋力を発揮する（バリスティックな筋力発揮）能力が必要です。

しかしここで重要なことは、どちらの場合も筋力が基盤となっている点です。トレーニングによって筋力発揮の上限を高めることは、「弓型」の場合には弓と弦《つる》の強度を高めることに、「ピストル型」の場合には薬莢《やっきょう》の火薬を増やすことに相当します。

◉加速を維持する能力と力——速度関係

右記の二つのタイプの加速のうち、どちらが重要かは、スポーツのタイプや選手の個性に応じて異なってきます。しかし、いずれの場合にも、動作の終盤では、「すでに速い速度で動いている状態でさらに加速のために筋力を上乗せする」必要が生じます。ここで問題となるのが、「筋のスピード」です。

筋には一般に、その短縮速度が増大するほど力が低下するという特性があります。この関係を「力—速度関係」と呼びます。究極的な筋のスピードは、〈力＝０〉になったときの速度で決まり、これを最大（無負荷）短縮速度（Vmax）と呼びます。ひとたび最大（無負荷）短縮速度に等しい速度になってしまうと、もはや筋はさらに加速するための筋力を発揮できません。

◉筋自体の最大スピードは変わらない？

ところが、これまでヒト生体内で最大（無負荷）短縮速度を測定することが困難であったため、筋のスピードと動作スピードの関係には不確かな点が多く残されてきました。

そこで私たちの研究室では、さまざまな筋の特性を評価するための装置の開発を試み、生体内で最大（無負荷）短縮速度に近い値を測定するために「サーボ制御式ダイナモメーター」（Yamauchiら、２００３）と「スラックテスト型ダイナモメーター」（SasakiとIshii、２００４）という2種の装置を開発しました。

これらの装置を用いて脚・股関節伸展と足関節底屈の最大（無負荷）短縮速度を測ったところ、男女の間でも、若者と高齢者の間でも、ほぼ一定であることがわかりました。したがって、日常生活やスポーツ動作での若者と高齢者のスピードの違いは、主に筋力の違いによるものと考えられます。

このことは、ヒト筋の**バイオプシー**※から得た単一筋線維の最大（無負荷）短縮速度が加齢によって変化しないという知見（Trappeら、2003）とも合致しています。

◉神経系の関与

以上から、動作スピードにはまず筋力が重要であることになりますが、一方、トレーニングによって最大（無負荷）短縮速度が若干向上することもわかってきています。これにはおそらく、共同筋間の協調性の向上や、拮抗筋の活動の低減など、神経系の機能の変化が関与しているものと想像されますが、この点については、もう少し研究が進んでからご紹介しましょう。

高くジャンプするための生理学

バレーボールを例にお話しします。近年のバレーボールは以前にも増してパワフルになっており、高いジャンプによる力強いスパイクやブロックがより重要となっているように見えます。そこで、「動作のスピードと筋力」の続きとして、高いジャンプをするための生理学的基礎について説明します。

ジャンプ高と離地速度

「ジャンプ高は重心の離地速度で決まる」と前述しましたが、もう少し詳しく説明します。

高校時代の物理を思い出してください。重心（質量M）が、鉛直方向の速度Vで離地したときの運動エネルギーEkは、「Ek＝1/2MV²」です。このエネルギーが重心の位置エネルギーEpと等しくなったところがジャンプの最高点となります。Ep＝MgH（gは重力加速度、Hは高さ）ですから、「1/2MV²＝MgH」、すなわち「H＝(1/2g)V²」となります。したがって、たとえば離地速度が10％増えれば、ジャンプ高は速度の二乗に比例しますので、21％増えるといえます。

高い離地速度を得るための筋力

高い離地速度を達成するためには、大きな加速度が必要です。さらに、〈加速度＝力／質量〉ですので、質量すなわち体重に比して、いかに大きな力を発揮できるかが重要となります。

実際のジャンプ動作で、身体が地面に対して発揮する力（地面反力）を測定してみると、この力は250〜350kg重（体重の5〜6倍）にもなることがわかります。しかも典型的なジャンプでは、いったんしゃがみ込んでから跳び上がる瞬間まで、常にほぼ同じレベルの力が発揮され続けますので、重心は上方向に加速され続け、離地の瞬間に最大速度が達成されること

バイオプシー　生検ともいう。生体組織の一部分を取り出し顕微鏡で構造を調べたり、生化学的な分析を行ったりすること。

になります。

これらのことから、高いジャンプを達成するための基本的な戦略は、「いかに大きな筋力を発揮して、重心を上方向に加速し続けるか」ということになります。そしてこれは、まず現在もっている膝・股関節伸展の最大筋力で規定されます。

一方、工夫次第で、筋自体のもつ通常の筋力発揮能力を超えたジャンプをすることも、生理学的には可能です。それは、当たり前のようですが助走を利用することです。助走には二つの意味があります。

一つは、走ることで並進方向の運動エネルギーが生じます。このエネルギーは前述と同様、並進方向の速度の二乗に比例します。助走に〝急ブレーキ〟をかけると、このエネルギーの多くが筋に吸収されます。このとき、筋は力を出しながら引き伸ばされる、すなわち伸張性収縮の状態になります。筋や腱がバネのようにはたらき、並進方向の運動エネルギーを弾性エネルギーとして蓄えてくれれば、これを次のジャンプ動作、すなわち鉛直方向の運動エネルギーに加算できることになります。その分、高いジャンプが可能になると考えられます。

もう一つは、筋自体の生理学的特性に関連します。筋をいったん引き伸ばしてから（伸張性収縮）、一定の長さに保ったり、折り返し短縮させたりすると、筋力発揮能力やパワー発揮能力が増大します。これを「伸張による増強効果」（ポテンシエーション）と呼びます。

これら両方のメカニズムによって、助走をすれば高く跳べますし、ベンチプレスなどでも、いったんバーベルを下ろしてから上げることで、より大きな重量が上がることになります。

助走には最適速度がある

エネルギーの理論からいえば、助走が速ければ速いほど大きな並進方向の運動エネルギーを得られ、ジャンプ高も増すはずです。しかし、走り高跳びなどの競技を見ると、助走が速いほどよいというわけではなく、最適の速度がありそうに思えます。

以前、私の研究室で、カエルとヒトの筋を対象とし、前述の「伸張による増強効果」を詳しく調べたことがあります。その結果、最大の増強効果を得るためには最適の伸張速度があり、これより速くても遅くても増強効果が低減してしまうことを発見しました（Takarada, Ishiiら、１９９７、１９９８）。

その理由は、筋をあまりに急激に伸張すると、筋の収縮装置がもちこたえきれずに〝ギブアップ〟してしまうためと考えられます。したがって、やはりジャンプの助走には、筋生理学的に見ても最適速度があると考えられます。

トレーニングの分野では、ジャンプ能力を高めるために、ドロップ・ジャンプなどのプライオメトリックトレーニングが効果的とされています。これは、助走・ブレーキから切り返してジャンプするときに、集中的に筋力を発揮するための神経系のはたらきが向上するためと解釈されています。

確かにこれは、ある一面では正しいといえます。しかし、伸張による筋力の増強効果という観点から、「筋の能力を最大限に増強するようなブレーキのかけ方を体得するトレーニング」という見方もできるのではないかと思います。

第3章

健康と運動を科学する

1　健康の基盤をつくる筋肉

レジスタンストレーニングと「健康」

ジョギングやウォーキングに代表される有酸素運動（エアロビック運動）を適度に行うことが健康によいことは、多くの疫学的研究が示しています。たとえば、Paffenbargerらによる有名な研究では、1週間当たり2000～3000kcalを消費するエアロビック運動を行うことで、心筋梗塞の罹患率がほぼ半減することが示されています。

しかし、これより運動量が多くなると、逆に罹患率は上昇し始めます。これは、過度のエアロビックな運動が生体内で「活性酸素種」を生成し、老化を促進したり、ガン化を助長したりするためと考えられています。健康を維持・増進するためには運動のやり方をよく考えなければならないことは確かでしょう。

レジスタンストレーニングは健康を増進しない？

一方、高負荷のレジスタンストレーニングに代表される無酸素運動（アネロビック運動）についてはどうでしょうか。

活性酸素種の発生とアネロビックな運動との関係については、まだ十分に研究されているわけではありません。高強度であるがゆえに、体内に取り込まれた酸素に過剰の電子が供給され、一時的に多くの活性酸素種が生成される可能性はありますが、運動の持続時間自体が短く、全体として酸素摂取量も少ないので、その絶対量は多くないと考えられます。

しかし、こと健康との関連においては、レジスタンストレーニングは長いこと劣等生であったといえます。とくにアメリカで「エアロビクス＝健康づくり」といった考えが根強く支配しており、１９８０年代に書かれた運動生理学の本には、レジスタンストレーニングの価値をリハビリテーションにしか認めていないと思われるものもあります。ところが、１９９０年ごろを境に、こうした考え方が急速に変わりました。

「健康」とは

健康に及ぼす運動の効果について考える場合、「健康」をあいまいな概念としてではなく、客観的な指標に基づいてとらえておく必要があります。そのためには、活動的に生きる妨げとなり、ひいては生命に重大な危機を及ぼす疾病、すなわち脳・心疾患、糖尿病、ガンなどの生活習慣病にかかる危険性を低減してくれるかどうかという見地に立つことが有用です。そうでなければ、「運動が寿命を伸ばすか」といった、科学的に検証するのがきわめて困難な議論に陥ってしまうでしょう。

まず、脳・心疾患についてですが、これらは基本的に動脈が硬化したり、そこに血栓が詰まったりするのが直接の原因です。したがって、血液中の脂質（正確には脂質とタンパク質の複合体）で動脈壁を硬化する**低密度リポタンパク**※（ＬＤＬ）に対して、低密度リポタンパクを可溶化して動脈硬化を防ぐ働きをもつ**高密度リポタンパク**※（ＨＤＬ）がどれほど多いか（ＨＤＬ／ＬＤＬ）が一つの要因になります。

この値はまた、肥満度と血圧に対して相関があります。すなわち、肥満であるか、高血圧か、ＨＤＬ／ＬＤＬが低いかがいずれも脳・心疾患にかかる危険度の指標となりうると考えられます。また、糖尿病（インスリンの分泌不全によるものではないタイプのもの）も、肥満と相関があることが知られています。

レジスタンストレーニングのポジティブな効果

エアロビックな運動が肥満を解消し、血圧を下げ、ＨＤＬ／ＬＤＬを高める効果をもつことについては疑う余地はありません。一方、レジスタンストレーニングについては、肥満に対してはあまり効果がなく、どちらかというと血圧を上げ、ＨＤＬ／ＬＤＬを下げるといったネガティブな研究結果が多く報告されてきました。

ところが、近年になって、レジスタンストレーニングは安静時代謝を高めることによって肥満解消にも効果があり、血圧やＨＤＬ／ＬＤＬに対しても良好に作用するという報告が目立ってきています。体内の最大のエネルギー消費者である筋が肥大することによって、このようなことが起こるというのはむしろ当然のことかもしれません。興味深いことに、右記のネガティブな報告の多くは、アナボリックステロイドを使用していたボディビルダーを対象に調べたものでした。

レジスタンストレーニングによって肥大した筋はまた、エネルギー源としての血糖の取り込みを増すことも報告されていますので、糖尿病の危険度を低減する可能性もあります。さらに、ガンとの関連についてみると、大腸ガンの発現因子の一つに便秘が挙げられますが、レジスタンストレーニングが消化物の腸内滞留時間を短縮し、便秘を防ぐといった報告もされています。

筋・骨格系の重要性

１９９０年ごろのアメリカの調査では、80歳以上のお年寄りが死亡する原因の第１位が、転倒などの物理的要因によるものでした。老化にともなって著しく弱化する筋群に、大殿筋《だいでんきん》、大腿四頭筋、腹直筋などが挙げられますが、これらは日常的な活動に重要な筋群ですので、転倒

低密度リポタンパク　内部にコレステロールを豊富にもち、肝臓で合成されたコレステロールを末梢組織へと運搬する。
高密度リポタンパク　主に肝臓と小腸で合成される。末梢組織から余剰のコレステロールを引き抜き、肝臓に転送する作用があり、コレステロール逆輸送経路と呼ばれている。

などを防ぐには、日頃からこれらを強化しておくことが効果的でしょう。

ちなみに、大腿四頭筋が加齢にともなって弱化する過程をそのまま80歳まで延長して予測すると、平均的な80歳以上の老人は一度座ると二度と立ち上がれないことになるのだそうです。

筋だけでなく、骨も加齢にともなって弱化し、骨粗しょうが起こります。おそらく骨粗しょう症自体は致命的な疾病ではないのでしょうが、比較的若齢層でこれが起こると、骨折などに起因する活動低下が、より重大な病気を誘発する可能性も出てきます。レジスタンストレーニングが骨密度を増し、骨粗しょう症を防止する効果をもつことは、多数の研究によって示されています。

レジスタンストレーニングは脂肪を減らすか？

季節の節目になると必ず、私のところには雑誌やテレビ番組の取材がやってきます。話題は決まって「ダイエット」。春には「夏に向けて今年こそダイエット！」、秋には「冬太りしないためのダイエット！」などなど。それが毎年繰り返されるのですが、「ダイエット」という見出しがつけば必ず本が売れるという方程式があるのだそうです。

2～3年前、取材におとずれた3社すべてが、「レジスタンストレーニングが脂肪を落とすのに効果的なのはなぜか？」という質問を用意してきました。この質問に完璧に答えるのはむずかしいのですが、近年、これに関連した興味深い研究が急展開しています。

筋と安静時代謝

脂肪をエネルギー源として代謝するためには、有酸素性代謝系によって酸化しなくてはなりません。これには酸素が必要ですので、運動で脂肪を落とそうとすると、必然的にエアロビック運動がよいということになります。

一方、私たちは一日中トレーニングをしているわけではありませんので、普通に生活しているときになるべく多くの脂肪を代謝し、多くのエネルギーを消費することもまた重要になります。これには、基礎代謝や安静時代謝を高める必要があります。これらの代謝は主に、体温を維持するための熱生産によるエネルギー消費です。

身体の中の主な熱源は肝臓と筋ですので、筋量が多く、かつ熱の発散のよい人は、安静時での代謝量が多く、脂肪がつきにくいことになります。実際、筋肥大のための標準的なレジスタンストレーニングを4ヵ月ほど続けると、安静時代謝が平均で5～10％ほど上昇します。したがって、体脂肪を減らすにはレジスタンストレーニングも必要といえます。

新たに見つかった「浪費遺伝子」

筋が収縮するとき、消費するエネルギーの50％以上が熱として放散されることは60年以上前に発見されましたが、安静時に筋が熱を生産する仕組みは長い間謎でした。最近、これが「脱共役タンパク質」(uncoupling protein UCP)によるものであることがわかってきました。

脱共役タンパク質は**ミトコンドリア**※という、有酸素代謝によってアデノシン三リン酸をつくる細胞内器官にあり、代謝反応とアデノシン三リン酸生成反応の間の連絡(共役)を阻害することで、糖や脂質のエネルギーを直接「熱」にしてしまうタンパク質です。したがって、このタンパク質をつくる遺伝子は「浪費遺伝子」とも呼ばれます。

最初、冬眠動物の「褐色脂肪」で発見され(UCP-1)、続いてヒトの白色脂肪にも同様のものがあることがわかりました(UCP-2)。そして最近、また別の脱共役タンパク質(UCP-3)が骨格筋、とくに速筋線維に多くあることがわかりました。Claphamら(2000)は、UCP-3を多量に発現する「遺伝子組み替え」マウスをつくると、多食にもかかわらず体脂肪が少なくなる(「やせの大食い」)ことを示しました。したがって、このUCP-3が筋の発熱に重要な役割を果たし、また「太りにくさ」の体質にも関係していると考えられます。

運動によるUCP-3の発現

それでは、このUCP-3の発現は運動によって変わるのでしょうか。マウスやラットでは、急性の運動後（30分程度の走運動など）、ＵＣＰ－３の遺伝子とタンパク質の発現がともに上昇します。この上昇の程度は、速筋で高く（３〜４倍）、遅筋では低い（１〜１・５倍）ようです。

また、興味深いことに、ラットに高脂肪食を１ヵ月与えると、筋でのＵＣＰ－３の発現が減少し、同時に体脂肪が増加することが示されました。したがって、高脂肪の「カフェテリア食」や「ジャンク食」ばかり食べるとＵＣＰ－３が減り、太りやすい体質になる可能性があると思われます。

持久的運動でＵＣＰ－３が減る

ラットでは、持久的トレーニングを継続的に行わせると、筋でのＵＣＰ－３の発現が減少することが示されています。また、Schrauwenら（１９９９）は、ヒトの筋でＵＣＰ－３の発現を調べ、持久的アスリートではその発現が有意に少なくなっていることを示しました。これは、持久的トレーニングを継続すると、筋が「エネルギー節約型」になることを示しています。

ミトコンドリア　有酸素性代謝（呼吸）において中心的な役割を果たす細胞内器官。外膜、内膜の二重の膜からなっており、独自の遺伝子（ミトコンドリアＤＮＡ）をもつ。

一方、このことは、持久的エアロビクスを長期継続すると、「油断すると太りやすい体質」をつくってしまう可能性があることをも示唆しています。マラソンの高橋尚子選手のオフでの変身ぶりはこれが一因かもしれません。

以上のように、エアロビック運動は、体脂肪を運動中に減らすという視点では効果的ですが、一方、ＵＣＰ－３の視点から見れば、体脂肪を蓄積する要因ともなる可能性が出てきました。逆に「レジスタンストレーニングがＵＣＰ－３を増やすか？」については、今後の研究課題です。しかし、①筋量が増せば、それに比例してＵＣＰ－３絶対量も増えること　②ＵＣＰ－３が速筋で多く発現すること、などから見て、レジスタンストレーニングによってＵＣＰ－３が増え、太りにくくなる可能性は高いのではないかと考えています。

内分泌器官としての筋

体脂肪に関する項目（１０５ページ参照）で詳しく述べますが、脂肪組織は内分泌器官としてもはたらきます。脂肪細胞は単にエネルギーを貯蔵するだけでなく、レプチン（leptin）、アディポネクチン（adiponectin）、レジスチン（resistin）、ＴＮＦ－α（腫瘍壊死因子－α）など、約20種類に及ぶ物質を分泌し、これらが脳を含む他の器官のはたらきに影響を及ぼします。中でも、レジスチンやＴＮＦ－αは、糖尿病や動脈硬化の直接の原因物質となることから、脂肪を増やしすぎないことが健康のためにも重要となります。

一方、骨格筋も単なる運動器ではなく、さまざまな物質を分泌する内分泌器官としてはたらくのではないかという発想も可能になります。私自身はこうした着想をもって研究をしてきましたが、最近、まったく同じことを考えている研究者が世界にいることがわかりました。Pedersen というデンマークの免疫学者のグループです。ここでは、最近の研究をもとに、「筋が運動すると、健康によい物質を分泌するのではないか？」という可能性について探ってみます。

運動すると筋はいろいろな物質を出す

筋が運動すると、何種類かの「成長因子」と呼ばれる物質を分泌します。たとえば、強い筋運動によって、ミオスタチン（マイオスタチン）という成長因子の生成・分泌が低下し、インスリン様成長因子－１（ＩＧＦ－１）の生成が増加します。

また、私たちの最近の研究から、血管を新生するはたらきをもつ血管内皮細胞増殖因子（ＶＥＧＦ）という成長因子の生成も増えることがわかりました。ミオスタチンは筋の成長・肥大を抑制し、ＩＧＦ－１はこれを促進しますので、これらの物質は、運動やトレーニングに適応して筋が肥大するという、局所的適応を担っているものと考えられます。

内分泌器官は、ホルモンを分泌する器官です。ホルモンとは、全身を循環し、他器官のはたらきを微量で調節する物質をいいます。前に挙げた成長因子は、微量でさまざまな細胞の機能を調節する物質ですので、ホルモンにもなりえます。

しかし、筋が分泌した成長因子が、筋以外の器官に作用を及ぼさなければ、「筋が内分泌器官である」とはいえません。脂肪組織が分泌するレプチンは、中枢神経にはたらいて食欲を抑えたり、行動活性を高めたりしますので、脂肪組織は立派な内分泌器官といえます。

筋は内分泌器官

以前から、筋運動後に、インターロイキン-6（Interleukin-6　IL-6）という物質の血中濃度が上昇することが知られています。インターロイキンとは、「白血球の間で情報伝達をするタンパク質」という意味で、炎症、浮腫などの一連の免疫反応が起こるときに白血球から分泌される局所性ホルモン様物質「サイトカイン」の一種です（前述の成長因子もサイトカインに含まれる）。

筋運動後に増加するインターロイキン-6も、筋の微小損傷にともなって起こる免疫反応によるものと考えられてきました。しかし、Pedersenら（2005）は、筋が運動すると、①筋損傷とは無関係に筋線維そのものからインターロイキン-6が分泌されること　②こうして増加した血中インターロイキン-6が、血管壁に対して炎症を起こしにくくする作用（抗炎症作用）をもち、動脈硬化を予防する効果があることを示しました。このことは、筋が内分泌器官でもあることを強く示唆します。

彼らはまた、脂肪細胞から分泌されるレプチン、レジスチンなどのサイトカインが「アディポサイトカイン」または「アディポカイン」と総称されるのにならい、筋から分泌されるサイトカインを「ミオカイン（マイオカイン）」（myokine）と呼ぶことを提唱しています。

筋を動かすことが健康につながる？

炎症反応の進行にともない、インターロイキンはＩＬ－１からＩＬ－10まで、番号順につくられていきます。インターロイキン－６は、炎症中期に現れることから、炎症反応の収束にかかわると考えられます。したがって、筋が運動後、インターロイキン－１などを経由することなくインターロイキン－６を分泌すると、抗炎症効果をもたらすのでしょう。

また、インターロイキン－６は、①肝臓にはたらいてグリコーゲン分解を促進する　②脂肪細胞にはたらいて脂肪分解を促進する　③脳にはたらいて「疲労感」を引き起こしたり、神経細胞の**アポトーシス**※（プログラム細胞死）を防いだりするなどが示唆されています。これらの

アポトーシス　元来、形態学的に定義された概念で、ネクローシス（細胞壊死）と対照的な細胞死の様式。ネクローシスと異なり原則的に炎症を起こさないという性質により、生体内の細胞環境のホメオスタシス（恒常性）を維持する重要なメカニズムと考えられており、「プログラム細胞死」とも呼ばれる。

点についてはまだ実証されたわけではありませんが、筋から分泌されるインターロイキン-6が脂肪分解を促進するとなれば、当然よく動かした筋の近傍にある脂肪は落ちやすいことになります。つまり、「部分やせ」が可能なことになるでしょう。

これまでのところ、「ミオカイン」と呼べるものはインターロイキン-6のみですが、それでも肥満、動脈硬化、認知症などを防ぐ効果のある物質を筋が分泌することになります。さらに、インスリン様成長因子や血管内皮細胞増殖因子をはじめとしたさまざまな成長因子が、他器官にも影響を及ぼすことが実証されれば、これらもミオカインの仲間入りをすることになるでしょう。まったく新しい物質が発見される可能性もあります。

筋は体重の約40%もの割合を占めますので（30歳台の男性）、全身の筋をよく動かすトレーニングは、まさに「最大の内分泌器官」を活性化し、「健康によい物質」の分泌を促すことになるでしょう。また、高強度の運動をともなわずに、筋にこれらの物質を効率的に分泌させる方法が開発されれば、最先端医療にもつながる可能性があり、実際にそのような研究を行っているところです。

「下り坂運動」が糖尿病を予防する

毎年、年末から正月にかけて私はスキーに出かけます。私がスキーを始めたのは40年ほど前ですが、今のスキーはもっぱらリフトで登っては滑り降りるという、ずいぶん横着なスポーツになってしまいました。ところが、２００５年のアメリカ心臓学会大会でオーストリアのDrexelらが報告した研究結果がきっかけとなり、こうした「下り坂運動」の糖尿病予防効果が注目されてきています。

下り坂運動が耐糖能を高めた

Drexelらはスキーリゾートを利用し、普段運動をしていない被験者45名に2ヵ月間ずつ、2種類の運動をさせました。一つは、歩いて山を登り、スキー用のリフトでおりるというもの。もう一つは、逆に同じ山をリフトで登り、歩いて下りてくるというものです。

これらを週3〜5日行わせ、それぞれ、2ヵ月の前後で、糖代謝と脂質代謝の変化を調べました。当初彼らは「上り坂トレーニング」のみに効果があるものと予測していましたが、結果はまったく予想外のものだったそうです。

血中トリグリセリド（中性脂肪）濃度は、予想通り「上り坂トレーニング」後にのみ低下しました。しかし、グルコースを摂取したときに血糖値を維持する能力（耐糖能）は、「下り坂トレーニング」後にのみ著しく向上しました。耐糖能は血糖の取り込み能力にかかわり、これが低下することがⅡ型糖尿病のはじまりといえますので、「下り坂トレーニング」は糖尿病の予防に効果的なことが示唆されます。

コンセントリックとエキセントリック

すでに述べたように、筋の収縮形態には、筋が短縮しながら力を発揮する短縮性収縮（コンセントリック収縮）と、筋が伸張されながら力を発揮する伸張性収縮（エキセントリック収縮）があります。バーベルを持ち上げるのはコンセントリック、ブレーキをかけながら下ろすのはエキセントリックとなります。山を歩いて下ったり、スキーで滑り降りたりする場合は、全体としてみると筋をブレーキとして使うのでエキセントリックです。

山を下ることは、エネルギー的に見れば、山から一気に飛び降りるのと同じです。ただし、飛び降りた場合には、身体が山頂にいるときの位置エネルギーのすべてを着地の瞬間に吸収するため、粉々に壊れてしまいます。歩いて下りれば、このエネルギーを一歩一歩に分散して受け止められます。スキーの場合も同じです。

筋をブレーキとして使うエキセントリック収縮には、三つの特徴があります。

まず、エネルギー消費が少ないこと。前述のように、エキセントリック収縮では、外界からエネルギーを与えられますので、筋としてのエネルギー消費もきわめて小さくなります。この外界から与えられたエネルギーのうち、大部分は筋中の微細構造に吸収されます。そこで、筋の微小な損傷が生じ、その周辺に炎症が起こって遅発性筋痛、いわゆる「筋肉痛」になります。筋の微小損傷と遅発性筋痛を起こしやすい、これが2番目の特徴です。

3番目の特徴は、「速筋線維の優先的動員」です。コンセントリック収縮では通常、エネルギー効率のよい遅筋線維から優先的に使われ、負荷が大きくならないと速筋線維は使われません（第4章の「サイズの原理」とトレーニングの項146ページ参照）。一方、エキセントリック収縮では、負荷が小さくとも速筋線維から優先的に動員されることが、筋電図解析によって明らかにされています。確かに、筋をブレーキとして使うのであれば、収縮の速い速筋線維から使ったほうがより安全で確実でしょう。

エネルギー代謝との関連性

エキセントリック収縮で優先的に使われる速筋線維は、糖を主なエネルギー源とします。したがって、エキセントリック収縮を繰り返すようなタイプのトレーニングを行うことによって速筋線維の肥大や機能向上が起これば、血糖の吸収能も向上することが期待されます。とくに大腿四頭筋や大殿筋のような大きな筋が血糖をよく取り込むようになれば、全身的な耐糖能の改善にも効果的と考えられます。

一方、Shermanら（1992）は、高強度のエキセントリック運動を1回行った後に、全身の糖代謝がどのように変わるかを調べています。彼らはまったく逆の結果を得ており、遅発性筋痛が起こっているような状態では耐糖能が低下すると報告しています。

これはおそらく、筋線維に微小な損傷が起こっている状態では、筋線維の活動そのものが低下するために、糖の取り込み能も一時的に低下するのであろうと考えられます。したがって、Drexelらの研究結果は、あくまでも長期的なトレーニング効果と見なすべきでしょう。

　これらの研究は、健康づくりのためのいくつかのヒントを与えてくれています。まず、糖尿病や循環器の疾病のため、きつい運動ができない人でも、「階段下り」や「坂下り」のように、エネルギー的に〝楽な〟運動であればできる可能性があります。このことは、オフィスビルで働く方々にも朗報かもしれません。

　また、健康づくりのためのトレーニングでも、適度のエキセントリック収縮は利用すべきでしょう。ただし、やりすぎて筋痛が治まらないような状態になると、かえって逆効果となりますので注意も必要です。

2　脂肪のつきすぎはなぜ悪い

内分泌器官としての脂肪組織

　私は近ごろ大変忙しいこともあり、おなかの周りにはうっすらと皮下脂肪が乗ってきました。科学の世界では、この体脂肪にかかわる研究がここ2～3年の間に急展開しつつあります。

体脂肪と健康

体脂肪を敵とするのは、アスリートだけではありません。一般人にとっても、過剰な体脂肪は体型を崩すばかりでなく、健康を脅《おびや》かします。肥満は虚血性心疾患、脳血管障害、糖尿病などの生活習慣病の危険因子とされています。このことは主に、肥満とこれらの病気の罹患率の関係を調べた疫学的研究から裏付けられています。

一方、肥満がこれらの病気を引き起こすメカニズムについては、実はあまりはっきりしておらず、これまで複雑で難解な機構が提唱されてきました。専門家でさえ、「太り気味だとなぜ悪いの？」と正面切って問われると、答えに窮したかもしれません。ところが最近、脂肪組織が内分泌器官でもあり、さまざまなホルモンを分泌することがわかってくると、脂肪と健康の関係がより明確になってきました。

やせるホルモン

脂肪組織は主に脂肪細胞からできています。10年ほど前、この脂肪細胞が「レプチン」というホルモンを分泌することが発見され、「体脂肪は内分泌器官である」ということで大変な話題になりました。

脂肪細胞が中性脂肪を蓄積するとレプチンを分泌します。レプチンは中枢にはたらき、食欲を低下させるとともに交感神経を活性化して脂肪分解を促し、太り始めた脂肪細胞をやせさせます。一時、「究極の痩身薬」として注目されましたが、残念ながら通常の肥満ではレプチンの分泌量自体も多いことがわかりました。

その後、「アディポネクチン」という新たなホルモンが発見され、これが肝臓や骨格筋にはたらいて脂肪酸の代謝を高めたり、インスリンによる糖の取り込みを助けたりすることがわかりました。これらの二つのホルモンは、全身にはたらいて脂質代謝や糖代謝を改善する、いわば「善玉のホルモン」と考えることができます。

糖尿病を引き起こすホルモン

一方、身体に〝悪さ〟をするホルモンも脂肪細胞から分泌されることがわかりました。「レジスチン」と名づけられたこのホルモンは、脂肪細胞自身や肝臓、骨格筋などに対するインスリンの作用を阻害します。

通常であれば、血糖が上がると膵臓《すいぞう》からインスリンが分泌され、インスリンは肝臓、骨格筋、脂肪組織にはたらいて糖の取り込みを刺激し、血糖を下げます。一方、レジスチンが多いと、このインスリンの作用が阻害されるため、インスリンが分泌されても血糖が下がりにくいことになります。このような状況を「インスリン抵抗性」と呼びます。インスリン抵抗性の原因となることから、「レジスチン」という名前がついたわけです。

インスリン抵抗性は、生活習慣病であるⅡ型糖尿病の初期段階です。すなわち、「脂肪細胞は糖尿病を引き起こす物質を分泌する」ということができます。

心筋梗塞を引き起こすサイトカイン

脂肪細胞はまた、さまざまなサイトカインを分泌することもわかってきています。その中で、インターロイキン-1（IL-1）、TNF-α（腫瘍壊死因子-α）、PAI-1（プラスミノーゲン活性化抑制因子）などが注目されています。これらは本来、炎症反応にかかわる因子で、IL-1やTNF-αは動脈の内壁に過酸化脂質を沈着させ、動脈を狭く、固くします。PAI-1は、血液凝固を促進し、血栓を生じさせやすくすると考えられています。

これらのことから、「脂肪細胞は、心筋梗塞や脳梗塞を引き起こす物質を分泌する」ということができます。少々乱暴な表現をすると、体脂肪が蓄積すると、「全身の血管が炎症のような状態」になるといえるかもしれません。これまでのところ、善玉、悪玉を含め、20種類以上の物質が脂肪細胞から分泌されることがわかり、これらを総称して「アディポサイトカイン」または「アディポカイン」と呼ぶようになりました。

内臓脂肪か皮下脂肪か

これらのホルモンやサイトカインは、主に皮下脂肪と内臓脂肪のどちらから分泌されるのでしょうか。少なくともTNF-αやPAI-1などについては、内臓脂肪のほうが分泌活性が高いことが示唆されています。これには、内臓脂肪の生い立ちが関連しているかもしれません。内臓脂肪はおそらく、骨髄由来の多能細胞（いろいろなものになれる細胞）がつくる、比較的幼若な脂肪組織と思われます。その分、さまざまな物質をつくる能力も発現しやすいものと考えられます。

レジスチンやPAI-1も、脂肪組織内で局所的にはたらいていれば、脂肪細胞への糖の取り込みを抑制することで脂肪組織自身が太りすぎるのを防止する、有用な物質です。いわば、脂肪細胞の「満腹のサイン」といえます。しかし、それにもかかわらず過剰のエネルギー摂取によって、体脂肪が身体の30％というような量になると、それらの影響が全身に波及すると思われます。したがって、常に脂肪組織に「エネルギー備蓄のための余力」をもたせておくことが重要なのでしょう。

成長ホルモンは体脂肪を減らすか？

2001年、15年ぶりにボディビルコンテストに復帰したことを前に述べました。全日本クラス別選手権は6位に終わりましたが、その後の社会人マスターズ大会ではなんとか優勝することができました。その年のトレーニングの特徴は、エアロビック運動をまったく行わなかったこと、「加圧トレーニング」（第4章143ページ参照）を導入したこと、食事制限をあまり行わなかったことです。にもかかわらず、体脂肪が予想以上に減ってくれました。この一要因として、成長ホルモンのはたらきが挙げられるでしょう。

成長ホルモンは「二刀流」

私たちの身体は、エネルギーを得るために、グリコーゲン、中性脂肪、タンパク質などの大きな分子を小さな分子に分解していて、これをカタボリズム（異化）と呼びます。一方、組織や器官をつくり、維持するために、アミノ酸、グルコース、脂肪酸などの分子からさらに大きな分子を合成していて、これをアナボリズム（同化）と呼びます。異化と同化を合わせて代謝と呼びます。

代謝にかかわるホルモンは、主として異化を刺激するもの（カタボリック・ホルモン）と同化を刺激するもの（アナボリック・ホルモン）に大別できます。前者の代表例はコルチゾールやアドレナリン、後者の代表例はインスリン、成長ホルモン、男性ホルモンなどです。そもそも成長ホルモンはアナボリック・ホルモンですので、ほとんどの細胞や組織の成長を促すものと長い間考えられてきました。脂肪組織をつくる脂肪細胞もその例外ではありません。

ところが、1980年代になって、成長ホルモン欠損症（GHD）が体脂肪の増大をともなうこと、成長ホルモン欠損症患者に成長ホルモンを投与すると、体脂肪が減少することなどが次々とわかってきました。そして現在では、成長ホルモンが筋や骨などに対してはアナボリックな作用をもち、体脂肪に対してはカタボリックな作用をもつという「両刀使い」であることが、疑いようのない事実として受け入れられるようになってきました。

1回の注射で脂肪が分解された

成長ホルモンは脳下垂体から分泌されますが、その分泌は、15分ほどでピークに達し、60分ほどで元に戻るというように、「**パルス状**[※]」に起こります。成人では、こうしたパルス状の分泌が1日8回ほど起こります。その大きさには大小があり、睡眠後に大きな分泌が起こることはよく知られます。加齢とともに、1日当たりの分泌回数と分泌のピーク値の両者が減少していきます。一般成人では1回の分泌量の平均値は血中濃度にして15～20μg／Lとされています。

臨床で多量の成長ホルモンを投与する場合ではなく、こうして自然な状態でパルス状に分泌されるような程度の成長ホルモンによっても、体脂肪は分解されるのでしょうか？　これに対する解答が、Mollerらによる一連の研究によって明らかになりました。

彼らは、200μgの成長ホルモンを静脈注射して血中成長ホルモン濃度のピーク値が約18

μg／Lになるようにし、その直後の体脂肪の分解を調べました。体脂肪は、脂肪細胞の中で中性脂肪として蓄えられています。脂肪細胞は必要に応じ、これを脂肪酸とグリセロールに分解し、血液中に遊離します。したがって、血中の脂肪酸とグリセロールの濃度は、体脂肪の分解の指標になります。成長ホルモンを1回注射した結果、その2時間後には血中脂肪酸、グリセロールともに約2倍に増大し、自然に起こる程度の成長ホルモンの分泌が、体脂肪の分解を引き起こすのに十分であることが示されました。

細胞レベルのメカニズムは?

Mollerらのグループはさらに、「**マイクロダイアリシス**」[※]という方法を用い、腹部の皮下脂肪、大腿部の皮下脂肪のそれぞれの組織で、局所的に遊離されるグリセロールの濃度を調べました。その結果、成長ホルモンの投与によって、腹部の脂肪のほうが大腿部の脂肪に比べ、多くのグリセロールを遊離することが示唆されました。

培養したヒト脂肪細胞に成長ホルモンを与えると、生体内の場合と同様、脂肪酸とグリセロ

パルス状　脈拍のように一過的に起こる上昇・低下現象。
マイクロダイアリシス　身体の組織内に起こる特定の物質の濃度変化を、微小な電極などを用いて測定する技術。

ールが培養液中に遊離されます。しかし、成長ホルモンがどのようなメカニズムで脂肪分解を促すのかはまだよくわかっていません。

脂肪細胞中で脂肪分解を担うのは、「ホルモン感受性リパーゼ」という酵素です。この酵素を強く活性化するのは**ノルアドレナリン**※で、成長ホルモンではありません。成長ホルモンはおそらく遺伝子にはたらいて、この酵素自体の生合成を促すのであろうと想像されています。

後で述べるように、筋中の乳酸濃度を高めるようなレジスタンストレーニングは、ノルアドレナリンと成長ホルモンの分泌を強く促します。したがって、こうしたトレーニングは体脂肪、とくに腹部の脂肪を減らすのにも効果的と思われます。その典型が「加圧トレーニング」ですが、一般的なトレーニングでも、成長ホルモンの分泌を促すさまざまな工夫が可能です。この点については、第4章で改めて紹介します。

3 運動の老化防止効果

筋肉が脳を刺激する？

昔から、指先を使う細かい作業は、脳を刺激するので知育によいといわれてきました。私たちの行う随意運動は、大脳皮質にある「運動野」に支配されています。ここから発せられた運動指令は、脊髄を下って運動神経に達し、目的の筋肉を収縮させます。このとき、人脳運動野や他の感覚器から中脳や小脳などにも信号が送られ、そこで微妙な運動の調節が行われると考えられています。

このように、繊細な運動であればあるほど、脳の中の広い領域がはたらくことになるので、他のさまざまな脳のはたらきにも影響を及ぼすものと想像されてきました。ところが、筋肉の運動そのものが、脳を刺激することもわかってきています。

筋肉の中にある感覚器

筋肉は、運動をするための器官ですが、その内部にはさまざまな感覚器（受容器）があります。最もよく知られているのが、筋紡錘と腱器官（腱紡錘）です。筋紡錘は、筋線維の間にあって、筋肉の長さを感じる感覚器、腱器官は、腱の中に埋《う》まっていて、筋肉の発生した張力を感じる感覚器です。

ノルアドレナリン　脳神経や交感神経の神経伝達物質。脳では不安や恐怖を引き起こしたり、覚醒、集中、記憶、積極性、痛みを感じなくするなどのはたらきがある。「ノル」とは「正規化合物」「基本の化合物」を表す言葉。ノルアドレナリンはまた、交感神経の刺激を受けて副腎からアドレナリンとともに少量分泌される。

主としてこれらの感覚器のおかげで、私たちは目を閉じていても、どの関節がどのくらい曲がっているのか、どの筋肉がどのくらい力を出しているのかが大体わかるのです。その他に複合型の化学受容器があり、筋損傷や免疫反応で生じた物質、代謝物質の蓄積などに反応し、これらを「痛み」として感知することができると考えられています。

筋紡錘や腱器官は、代表的な「自己受容器」です。ある筋肉が急激に伸張されると、筋紡錘がこれを感知し、中枢へ信号を送ります。この信号は、脊髄の中で自身の筋肉の運動神経に直ちに伝えられ、運動神経が興奮して筋肉が収縮します。すなわち、急激な伸張に対抗するための反射として筋収縮が起こり、これを伸張反射と呼びます。

典型的な伸張反射は、脚気の診断に用いられる「膝蓋腱反射《しつがいけんはんしゃ》」です。逆に、収縮中に筋肉を急激に伸張したりすると(エキセントリック収縮)、ときに過大な力が発生して危険です。このようなときには腱器官が力を感知して、運動神経の活動を反射によって抑制し、力を低減するようにはたらく場合があります。これらは、脊髄で起こることから、脊髄反射と総称され、神経信号の伝達経路が短い(短経路のフィードバック)ので、きわめてすばやく起こるという特徴をもちます。

脳の中の神経活動を見る

一方、これらの感覚器からの信号が、はるばる脳まで伝えられて、より高次の自己情報としても用いられることは前述した通りです。最近の脳科学の進歩は目覚ましく、ＭＲＩや脳磁計などのさまざまな先端技術を用いて、こうした感覚信号が脳でどのように処理されるかが調べられつつあります。

三重大学の征矢《そや》英昭《ひであき》助教授（現在は筑波大学准教授）らのグループは、神経細胞が激しく活動すると、ある特定の遺伝子が発現することに着目し、運動によって脳のどの部分が強く活動したかを調べました。ラットを運動させると、当然、大脳運動野に強い活動が見られますが、同時に、間脳の視床下部と呼ばれる部分の一群の神経細胞に活動が見られました。

この部分は、その直下にある脳下垂体に指令を送り、副腎皮質刺激ホルモン、抗利尿ホルモン、成長ホルモンなどを分泌させます。大変興味深いことに、この部分の活動は、運動神経と筋肉の連絡を遮断し、筋肉のみを直接刺激して運動させた場合にも活性化されたのです。すなわち、「大脳の運動指令とは無関係に、筋肉の運動が脳を刺激する」ことを示したことになります。

筋力トレーニングは脳を刺激する？

このように、「実際に運動したこと」や「実際に末梢で感じたこと」を脳に返すような、長経路のフィードバック系は、時間はかかるのですが最も確実で誤りのない機構です。見方を変えれば、末梢をうまく刺激すれば脳のはたらきを制御できますので、指圧、鍼《はり》麻酔、気功などの秘訣も、このような機構にあるのかもしれません。
「どの感覚器が最も重要か」はこれからの問題ですが、少なくとも、乳酸の蓄積など筋肉が激しく使われたことを、化学受容器が感知することが重要のようです。第4章でご紹介する、「ショートインターバルのトレーニングによって成長ホルモンの分泌が盛んになる」ことや、「血流を制限した状態（加圧）でのトレーニング効果」は、おそらくこのことと関連していると思われます。

いずれにしても、筋肉を使うトレーニングは、脳を刺激し、身体全体を活性化する効果があるといえるでしょう。脳だけでは能がありません。「脳あっての身体・筋肉」であるのと同時に、「身体・筋肉あっての脳」ということでしょう。

「こころ」と運動・トレーニング

このところ何かと忙しく、定期的にトレーニングできない状態が続いています。週1回ほどはトレーニングしますが、悲しいほどバーベルがいうことをきかず、決して愉快ではありません。それでも、一通りトレーニングを終えると、以前と変わらぬ心地よい爽快感に包まれ、その日の仕事もはかどります。こうした運動による爽快感は従来、運動というストレスによって、脳内でβ-エンドルフィンのような麻酔作用をもつ物質が生成されるためと考えられてきました。

一方、最近の研究から、脳内にある「セロトニン作動性ニューロン」のはたらきが関連しているらしいこともわかってきています。そこで、この**ニューロン**※のはたらきを中心に、運動が「こころ」の状態に及ぼす効果について考えてみます。

運動による脳の活性化

前述した通り、運動が脳を活性化することは、少なくとも動物実験では確かめられています。また、マウスを運動させながら育てると頭がよくなり、迷路テストなどの成績が向上します。こうした効果は、脳の「海馬」という記憶中枢のニューロンが、長期的な運動などによって増殖するためと考えられています。

一方、運動がより即効的に脳の状態に影響を及ぼす可能性もあります。たとえば、ギリシャの哲学者アリストテレスは、散歩をしながら思索したり、弟子と議論を交わしたりしたとされています。私自身も原稿の筆が止まってしまったときなどは、よく熊のように部屋の中をぐるぐる歩き回ります。すると、多くの場合問題が解消されます。このように考えると、軽度の運動には、即時的に脳のはたらきをよくする効果がありそうです。

ニューロン　神経細胞体とそこから突起している神経線維からなる1個の細胞。神経の単位。

「こころの三原色」のメカニズム

運動が脳に及ぼす即時的な効果については最近、「こころ」の状態の観点から研究され始めています。「こころ」はおそらく自然科学の究極的な課題の一つで、一筋縄で理解できるものではありません。しかし、「こころ」の背景をつくるような、脳の全体的な雰囲気を決める三つの要素があることがわかってきていて、「こころの三原色」にたとえられています。

これにはそれぞれ、ノルアドレナリン作動性ニューロン、ドーパミン作動性ニューロン、セロトニン作動性ニューロンという、3種の神経が関与しています。これらの神経はそれぞれ、神経伝達物質（シナプスという神経どうしの接合部で、信号の伝達に使われる化学物質）として、ノルアドレナリン、ドーパミン、セロトニンをつくります。そして、ノルアドレナリン作動性ニューロンは情動やパニック状態、ドーパミン作動性ニューロンは逆に強い抑制やうつ状態、セロトニン作動性ニューロンは中立的な覚醒状態を形成すると考えられています。光の三原色に対応させると、順に「赤」「青」「緑」といえるでしょう。

これらの「こころの三原色」が織りなす「こころの色」は、おそらく行動や思考に強く影響すると考えられます。中でも、セロトニン作動性ニューロンのはたらきが注目されています。このニューロンは、脳全体を冷静な覚醒状態に保つはたらきをします。たとえば、「覚醒アミン」という薬物を常用すると、薬物による肩代わり作用によってこのニューロンのはたらきが低下するため、脳がパニック状態とうつ状態を行き来し、ときに常軌を逸した行動にもつながると考えられています。

トレーニングが「キレ」や認知症を防止する？

このように考えると、爽快で明晰な脳の状態をつくるには、セロトニン作動性ニューロンを活性化することが重要と思われます。以前、アミノ酸サプリメントのトリプトファンが「頭をよくする」といわれたことがありますが、これはトリプトファンがセロトニンの原料となることと関連があるかもしれません。

一方、「リズミカルな運動」が、より明確な効果をもつことが示されています。Aritaら（２００２）は、４～５回／分のゆっくりとした腹式呼吸によって、一定のリズムで腹筋を収縮させると5～10分で、このニューロンの活動に特有の脳波パターンが増大すると報告しています。

同様の効果は、一定リズムの歩行、ガムなどを噛む咀嚼《そしやく》運動、お手玉などにも見られます。アリストテレスはおそらく、歩行によって頭脳が明晰になるのを経験から体得していたのでしょう。一方、腹式呼吸のこうした効用を最初に唱えたのは、興味深いことにお釈迦様だということです。

セロトニン作動性ニューロンの活性低下は、青少年の「キレる」行動や、高齢者の認知障害の一要因となっている可能性があります。リズミカルな運動やそれに類した作業は、これら重大な社会問題に対処する有効な手だてとなるかもしれません。埼玉県三郷市で行われている高齢者筋力トレーニング教室「シルバー元気塾」では、トレーニングの最初に必ず腹式呼吸を行いますが、今や小中学校でも腹式呼吸を取り入れたほうがよいかもしれません。

一方、ゆっくりとしたリズムを自らつくりながら運動するという点では、筋力トレーニングはその典型といえます。しかも、呼吸と運動させながら順次大きな筋を使いますので、セロトニン作動性ニューロンへの効果もその分大きいかもしれません。今後の研究が期待されるところです。

老化とトレーニングI——ホルモンの視点から

21世紀を明るく希望に満ちたものにするために、まず克服しなければならない課題の一つは、高齢化の問題でしょう。アメリカでは、老化を予防するための「ホルモン充填療法」(Hormone-replacement therapy)が盛んに行われるようになりました。

そこで、ホルモンと活性酸素の視点から、老化と運動・トレーニングの関係について考えてみましょう。

老化とは何か?

私たちは誕生日がくれば必ず一つ年を取ります。これを暦年齢といい、暦年齢を加えることを加齢といいます。加齢にともなって、さまざまな身体機能が低下することが老化です。

一方、時間を度外視して、特定の身体機能から判断される年齢(たとえば骨年齢や筋力年齢)を生理学的年齢と呼びます。老化を「生理学的年齢を加えること」といい替えることもできます。生理学的年齢は、一定に保ったり、逆戻ししたりすることも可能ですので、加齢をくいとめることはできなくとも、老化を防止することは可能です。

年を取れば老化して当然のように思われがちですが、どのようにして老化が起こるのかは、実はきわめてむずかしい問題です。おそらく、子孫のために親が死ぬように遺伝子上にプログラムされている部分と、栄養や運動などの環境に依存する部分とがあるでしょう。

そのメカニズムの完全な解明はさておき、とりあえず加齢にともなって減少したり増加したりする生体物質を調べ、それらの変化を抑えることができれば、老化を防げる可能性がありま す。加齢にともなって減少する生体物質で薬をつくれば、永遠に若さを保てる夢の〝不老薬〟となるかもしれません。そのような物質の例として、次のようなホルモンが挙げられます。

◉男性ホルモンと女性ホルモン

加齢にともない、男性ホルモン(アンドロゲン)や女性ホルモン(エストロゲン)などの性ホルモンの分泌は低下します。男性では50歳あたりからアンドロゲン分泌が徐々に低下し、女性では閉経後急激にエストロゲン分泌が低下します。

女性はこのような変化が骨粗しょう症などの原因となるため、以前から閉経後にエストロゲンを外的に投与する方法（estrogen replacement）が行われてきています。また、メジャーリーグのマグワイア選手が使用して話題になったアンドロステンジオンは、アンドロゲンであるテストステロンとエストロゲンであるエストラジオールの両方の**前駆体**※なので、男女いずれの場合にも充塡薬として効果をもたらすと考えられます。

◉デヒドロエピアンドロステロン

副腎皮質ステロイドホルモンでは、デヒドロエピアンドロステロン（ＤＨＥＡ）が加齢とともに減少し、逆にコルチゾールは増加します。このデヒドロエピアンドロステロンはアメリカではドラッグストアで入手できるため、その効果についての研究が盛んに行われるようになりました。

Baulieuら（２０００）は、60～70歳の男女にデヒドロエピアンドロステロン硫酸エステルを経口投与し、テストステロンとエストラジオールの分泌増大、骨代謝の改善、皮膚の若返りなどの効果があったと報告しています。

また、複数の研究が、ストレスホルモンとして筋や骨を分解するコルチゾールの分泌を抑えたと報告しています。

◉成長ホルモン

下垂体から分泌される成長ホルモン（ＧＨ）と、肝臓や筋から分泌されるインスリン様成長因子（ＩＧＦ－１）は、筋や骨の萎縮を防止するばかりでなく、体脂肪の増加を抑えるはたらきをもちます。老化防止のためのホルモン充填療法といえば、この成長ホルモン（ヒト組み換え成長ホルモン）が代表例で、アメリカでは注射１回が約20万円だそうです。最近、日本でもこれを行う開業医が出てきました。

◉メラトニン

近年とくに注目を浴びているのがメラトニンです。メラトニンは、脳にあって「第３の眼」ともいわれる松果体《しょうかたい》から分泌されるホルモンで、体内時計を調節したり、皮膚にメラニンを沈着させたりするはたらきがあります。

このメラトニンに強い抗酸化作用があり、活性酸素による脳の機能低下や、アルツハイマーをはじめとする老人性認知症を抑える効果があるらしいことがわかってきました。さらに、中高年の肥満を低減するという報告もあります。ボディビルダーであれば、日光浴で体脂肪が落ちることをご存知でしょうが、これはメラトニンの作用かもしれません。

前駆体　一連の生化学的反応過程の中で、ある物質よりも前の段階にあって、１ないし数段階の反応によってその物質に変わりうる物質。たとえば、インスリンに対するプロインスリンなど。

トレーニングとホルモン分泌

このようなホルモンをすべて〝充填〟すれば、40歳の身体のまま70歳を迎えることができるかもしれません。しかし、現状では年間で1億円くらいの費用がかかるでしょう。また、ホルモンを外的に投与すると、発ガンなどの副作用が懸念されます。

トレーニングをすればどうでしょうか？　私たちの研究グループは、適切なレジスタンストレーニングを行うと、その直後に成長ホルモンやインスリン様成長因子の分泌が著しく増大することを示しました。

メラトニンについては、今後さらに研究する必要があります。しかし、レジスタンストレーニングをすること、適切な時間、屋外に出て日差しを受け、新鮮な空気を吸うことなどが、老化を防止するためにも重要であることは確かだと思います。

老化とトレーニングⅡ——抗酸化活性の視点から

前に述べたように、身体機能や外見を実際の年齢（暦年齢）よりも若く保つ、すなわち老化を防ぐ上で、おそらくホルモンが重要な役割を果たします。一方、活性酸素種（Reactive Oxygen Species　ROS）も老化のキーファクターの一つと考えられます。

活性酸素種

細胞はミトコンドリアという細胞内器官で酸素を用いたエネルギー生産（有酸素性エネルギー代謝）を行いますが、このとき、用いた酸素のうち2～5％を〝誤って〟スーパーオキシドという物質にしてしまいます。スーパーオキシドからは、さらにヒドロキシルラジカル（・OH）という物質がつくられます。

これらは過激な酸化活性をもち、遺伝子、膜脂質、タンパク質などを酸化して壊してしまいますので、活性酸素種と呼ばれます。活性酸素種はまた、免疫細胞によって積極的につくられ、感染防止などに役立っていますが、過剰に生産されると生体機能の低下、老化、発ガンなどを引き起こします。

加齢と抗酸化酵素

心筋細胞や神経細胞には、①有酸素性代謝によってエネルギーを生産する　②絶えず激しく活動している　③増殖したり再生したりできない（これは2001年当時の考えで、現在では神経細胞には幹細胞があり、再生する場合があると考えられるようになっている）という共通の特徴があります。したがって、絶えず活性酸素種を生成し、それがもとで起こる微小な変成や損傷を蓄積しやすく、さらに万が一細胞が死滅してもその代替が利かないことになります。

こうしたことが起こらないように、体内ではたらいているのが抗酸化酵素です。代表的なものとして、スーパーオキシドディスムターゼ（ＳＯＤ）、カタラーゼ（Ｃａｔ）、グルタチオンパーオキシダーゼ（ＧＰＸ）などがあります。スーパーオキシドディスムターゼはミトコンドリアに多量にあって、有酸素性代謝で生じたスーパーオキシドをすみやかに過酸化水素に変えます。過酸化水素はカタラーゼによって酸素と水に変えられます。

これらの抗酸化酵素の活性（または組織当たりの量）は、加齢とともに著しく低下することがわかっています。マウスやラットで詳細に調べると、中枢神経、心臓、骨格筋のいずれにおいても、スーパーオキシドディスムターゼ活性は成長期に上昇し、以後加齢とともに指数関数的に低下します。

また、中枢神経では、リポフシン（または「リポフスチン」＝活性酸素種によって生じた過酸化脂質とタンパク質が結合したもので「老化色素」とも呼ばれる）の量が、加齢とともに直線的に増加します。これらのことから、加齢にともなう抗酸化酵素活性の低下によって、活性酸素種による細胞や組織の変成が蓄積し、中枢神経系や心臓などのさまざまな器官の生体機能が低下することが老化の一因と考えられます。

運動・トレーニングと抗酸化酵素活性

マウスやラットに継続的に適度のエアロビック運動をさせると、心臓のスーパーオキシドディスムターゼ活性は逆に加齢とともに増大します。同様のことがヒトでも起こるかは、同じ実験ができませんのでわかりません。しかし、長年にわたり適度のエアロビック運動を続けてきた人では、60歳になっても最大心拍数が180程度に維持されていることがありますので、少なくとも運動が「心臓年齢」を20歳以上若く保つことは確かです。

一方、骨格筋では同様の効果は見られません。これは、骨格筋が多核の巨大細胞からなり、しかもサテライト細胞という幹細胞によって即再生可能な、粘り強い組織だからでしょう。中枢神経でどうかは、今後の課題です。

ここで、この運動強度の適度がどのくらいなのかが問題です。運動は必然的に活性酸素種を生成させますので、へたをするとかえって老化を促進しかねないからです。活性酸素種による遺伝子損傷を調べた最近の研究によれば、最大酸素摂取量の50%程度の強度（ウォーキングやゆるやかなエアロビック運動）であれば、著しい遺伝子損傷は起こらないようです。生成された活性酸素種が、既存の抗酸化酵素系によってただちに処理されるためでしょう。

活性酸素は老化に関係しないか？

「アンチエイジング」（「抗加齢」、より的確には「抗老化」）という言葉が目を引くようになりました。自然科学上最大の問題の一つとされてきた「老化」のメカニズムについても研究が進んできており、つい最近では老化を防止する、まったく新しいホルモンも発見されています。

２００５年の7月には、老化の主要因が活性酸素であるという「活性酸素説」を否定する研究（Kujoth ら、『サイエンス』誌、２００５）が新聞で紹介されました。運動に関係する人々の中には、これを読んで胸をなでおろした方もあるかと思います。運動は活性酸素を多量に生み出すため、方法や量を誤るとかえって老化を加速すると考えられてきたからです。

しかし、この研究論文をよく読むと、決して活性酸素と老化の関係を否定しているわけではなく、安心するのは早計であることがわかります。そこで今、老化、活性酸素、運動の関係について、最近の知見をもとにまとめてみたいと思います。

老化の活性酸素説

老化とは、総体的に見れば、加齢にともなってさまざまな生理機能が低下することをいいます。もう少し専門的には、①細胞死の進行　②内分泌機能、中枢神経系、免疫系の機能低下　③環境適応能の低下などによって、全身の恒常性が損なわれていくこととされています。これら①～③の過程がどのようにして起こるかは不明で、遺伝子にそのようにプログラムされているとする説、遺伝子ＤＮＡの複製が繰り返されるにしたがってエラーが蓄積していくとする説、抗酸化機能の低下による酸化ダメージが原因とする説（活性酸素説）などが提唱されています。

これらの説が主張する過程はいずれも、多かれ少なかれ老化に関与しているものと考えられますが、中でも活性酸素による酸化ダメージは、生活習慣などによって対処できる可能性が高いという観点から、最も注目されてきたといえるでしょう。その実験的根拠としては、①生体内で生じる活性酸素が遺伝子ＤＮＡを傷つけること　②生体内の抗酸化酵素であるスーパーオキシドディスムターゼの活性が加齢とともに低下すること　③ヒトのスーパーオキシドディスムターゼ遺伝子をショウジョウバエに組み込むと、ハエの寿命が著しく延伸することなどが挙げられます。

ミトコンドリアのかかわり

生体内で活性酸素を最も大量につくるのは、ミトコンドリアという細胞内器官です。ミトコンドリアは、酸素を用いてエネルギーを生産する（有酸素性代謝）役割をもち、細胞の核にある遺伝子とは別に、固有の遺伝子（ミトコンドリアＤＮＡ）をもっています。

ミトコンドリアが有酸素性代謝を行う際には、取り込んだ酸素のうち２〜５％が半ば必然的に活性酸素になることがわかっています。活性酸素説では、こうしてつくられた活性酸素がミトコンドリアＤＮＡに変異を引き起こし、その結果、有酸素性代謝における活性酸素の生成量がさらに増えるという悪循環を経て、ミトコンドリアの機能不全が起こるとしています（Harman、１９７２）。

ミトコンドリアの機能不全は、細胞のエネルギー生産に重大な影響を及ぼしますので、細胞本体の機能不全や細胞死につながると考えられます。こうして最近では、哺乳類などの高等動物の老化にはミトコンドリアの機能が深くかかわっているとする考えが有力になってきました。

活性酸素と関係なく起こる老化?

冒頭に紹介したKujothらの研究は、ミトコンドリアDNAに生じる変異と老化の関係をより直接的に調べたものです。彼らは、ミトコンドリアDNAの複製にかかわる遺伝子を改変し、DNAの複製時にエラーが起こりやすい組み換えマウスをつくりました。

このマウスでは、通常のマウスに比べ寿命が半分以下に縮まり、脱毛、筋の萎縮、聴覚の減退、心臓や腎臓の萎縮など、老化にともなう変化が著しく加速されました。このとき、活性酸素による酸化ダメージの程度を、DNA、脂質、タンパク質のそれぞれのレベルで調べると、組み換えマウスでも通常のマウスでもほぼ同じでした。一方、組み換えマウスでは細胞の自殺(アポトーシス)を引き起こす酵素の活性が著しく高まっていました。

これらのことから、①老化にはミトコンドリアDNAの異常がかかわること②ミトコンドリアDNAの異常によって、活性酸素の生成量がさらに増えるとする仮説は誤りであること③ミトコンドリアDNAの異常は細胞のアポトーシスを引き起こすことなどが示されました。

これらのうちの③については、ミトコンドリアの膜の機能が損なわれ、チトクロームCというタンパク質が細胞質中に漏れ出ることが引き金となると考えられています。

Kujothらの研究は、ミトコンドリアＤＮＡの複製にエラーが起こるようにすれば、活性酸素とは無関係に老化が起こりうることを示していますが、老化と活性酸素がまったく無関係であることを示しているわけではありません。正常な個体では、むしろ活性酸素によるダメージによってＤＮＡに異常が起こり、それ以降は、組み換えマウスの場合と同様のプロセスによって老化が進行するという可能性も十分に残っています。

やはり今のところ、自身の抗酸化機能を大きく超えて酸素を摂取するような、過激な運動には注意するほうが賢明だと思います。

第4章

正しいトレーニング、新しいトレーニング

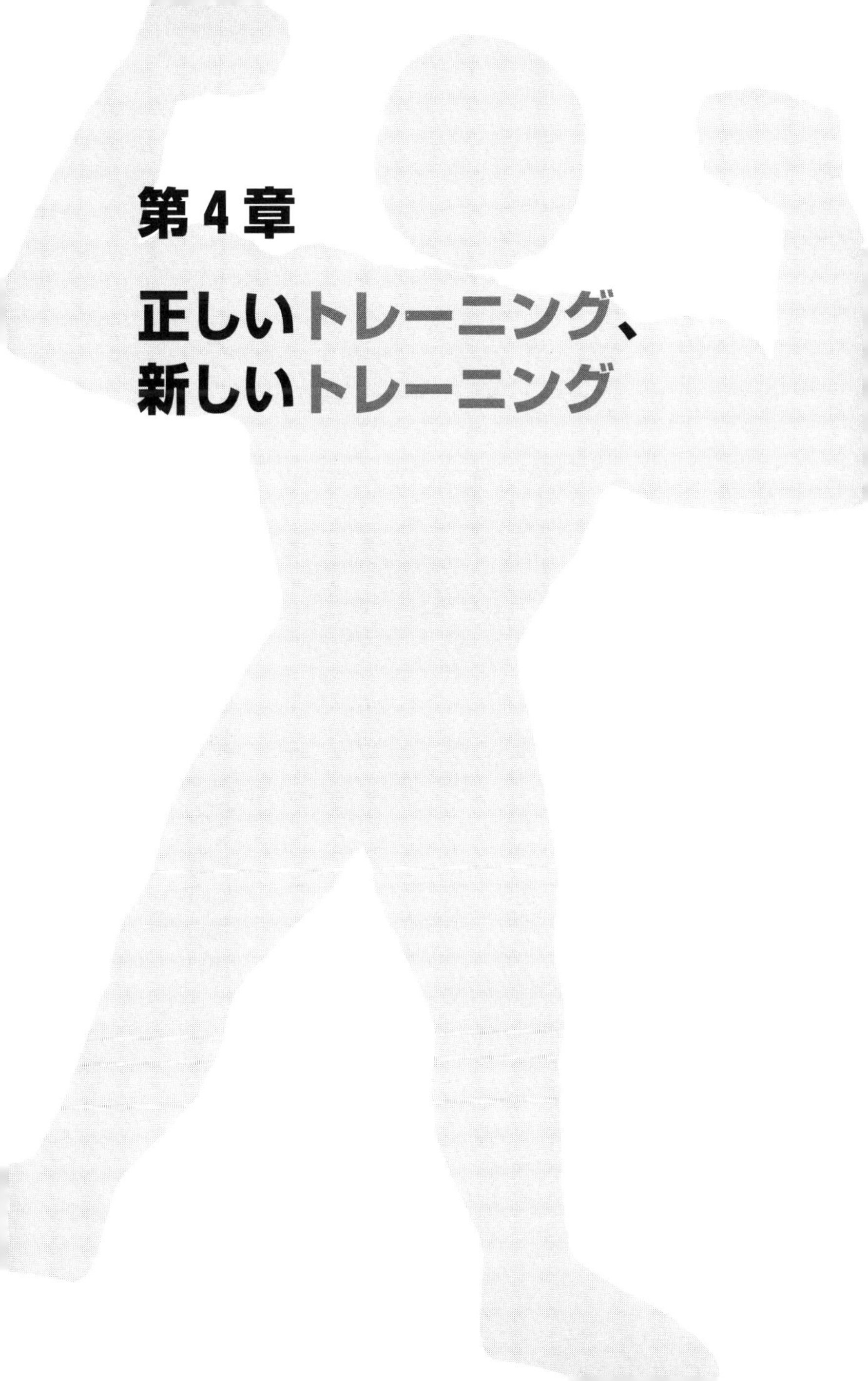

1 効果的な筋肥大の方法

レジスタンストレーニングとホルモンの分泌

オリンピックやメジャーリーグなど、トップレベルのスポーツでは、アナボリック・ステロイドをはじめとした薬物のドーピングが常に問題になっています。このことは、裏を返せば私たちの身体に内在する自然のホルモンの分泌の状態が、運動やトレーニングの効果に大きな影響を与えることを示しているともいえます。

トレーニングと関連の深いホルモン

運動やトレーニングに関係するホルモンとして、筋の肥大との関連で男性ホルモン（アンドロゲン）、成長ホルモン、副腎皮質ホルモン、骨の代謝との関連でカルシトニンや副甲状腺ホルモン、脂質代謝との関連でアドレナリンやノルアドレナリンなどが挙げられます。この他、とくに健康を考える上で重要なものに、血圧を調節するバソプレシンやナトリウム利尿ホルモン、血糖を調節するインスリンなどがあります。

ここに挙げたホルモンはすべて、運動にともなってその分泌量が変化することが知られています。したがって、運動をこれらのホルモンの分泌状態を改善する手段として用いることが可能ですし、逆にこれらのホルモンの分泌状態がトレーニング効果に影響を与えることにもなります。

レジスタンストレーニングの第1の目的は筋の肥大と筋力の増強にあります。ここではこれに最も関連の深いアンドロゲンと成長ホルモンについて説明します。

主要なアンドロゲンはテストステロンで、この構造を人工的に変えて筋肉などでの生合成（同化）作用を高めたものがアナボリック・ステロイドです。これらのホルモンは脂質なので、筋線維の膜を通り抜け、細胞の中にある受容体と結合した後、遺伝子に直接結合してタンパク質の合成を高めます。遺伝子に直接はたらく点が、ある意味では恐ろしい一面です。

一方、成長ホルモンは脳下垂体から分泌されるペプチド（アミノ酸が連なったもの）ホルモンです。筋に直接作用する場合もありますが、肝臓やその他の組織に成長因子（インスリン様成長因子‐1　IGF‐1）と呼ばれる物質を放出させ、そのIGF‐1が筋の成長や肥大を促す場合もあります。その作用はやや間接的で、細胞膜の表面にある受容体と結合し、肥大を引き起こすのに必要な数多くの化学反応の初期の過程を活性化します。遺伝子工学の進歩によって多量に合成されるようになったことと、直接検出できる形で尿中に排出されないので、今後（1996年時点）ドーピングの主役となることが危惧されています。

トレーニングによる筋肥大とホルモン

アンドロゲンや成長ホルモンはこのように生合成を高める作用をもってはいるものの、トレーニング効果を得る上でのこれらの役割は、あくまでも2次的なものといえます。たとえば、四肢のうち片側だけをトレーニングすれば、トレーニングした側だけに肥大が起こりますし、このことはアナボリック・ステロイドを投与したとて同じです。

現在のところ、適切なトレーニングによって、筋線維での前記のホルモン受容体の生成が高まり、ホルモンに対する感受性が高まると考えられています。したがって、第一に大切なのは、筋に対する力学的な刺激自体の性質です。しかし、同時にこれらのホルモンの自然な分泌をできるだけ高める工夫をするのも大切です。

トレーニングのプログラムとホルモン

トレーニングの方法が、トレーニング中やその直後のホルモン分泌にどのような影響を及ぼすかについては、Kraemer ら、Fahey らのグループによる多くの報告があります。アンドロゲンの分泌は、高負荷でのトレーニング中にやや増加する傾向があるようですが、さほど大きな変化とはいえません。むしろ、トレーニングを続けることによって、平常時の分泌レベルが持続的に上昇するようです。

興味深いのは成長ホルモンです。大筋群を用いた高負荷のトレーニングをすると、その直後に成長ホルモンの分泌が著しく増加し、軽負荷のトレーニングではそれが起こらないことは古くから知られています。しかし、ことはそう単純でもなさそうです。

Kraemerら（1990）によると、大筋群を用いた高負荷のトレーニングでも、5RM※以上の負荷で休息時間を長くとるような方法で行えば分泌の増加は起こらず、やや軽めの10RM程度の負荷で、1分程度の短い休息時間で行ってはじめて分泌の増大が起こるといわれています。この点は、私たちのグループでも確認しています。こうした研究のために、とくにアメリカでは、前者（5RM以上）を「筋力強化」、後者（10RM程度）を「筋肥大」のためのプログラムとして、はっきりと二分する傾向があります。しかしこれはかなり短絡的な結論で、まだまだ検討の余地があると思います。

RM　Repetition Maximumの略で最大反復回数のこと。ある重量に対して何回繰り返すことができるか、その回数によって負荷を決める、その方法をRM法という。5RMは5回反復できる最大の負荷を示す。1RMは1回反復できる重さ、つまり1回しか反復できない重さ、最大挙上負荷となる。

パンプアップの生理学

トレーニングをしている人であれば、パンプアップ（pump up）という言葉をよくご存知でしょう。激しくトレーニングをすると、筋肉に血液が注入されてまるで風船が膨れ上がったようになるので、この状態をパンプアップといいます。日本では、筋肉を激しくパンプアップさせ、その状態をなるべく長時間持続させるようなトレーニング法を「充血法」と呼んできました。

以前、講習会などで「パンプアップは効果を上げるために必要ですか」という質問を受けると、「最も重要なのは、筋肉が受ける力学的刺激ですので、必ずしも必要ではないでしょう。その証拠に、腕立て伏せを１００回やれば強くパンプアップしますが、筋肥大は起こりません」と答えていました。しかし、パンプアップとトレーニング効果との関係を明らかにした報告は、これまでまったくなされていません。また、これまでの実験結果から、私自身、この考え方をやや変えるに至りました。

トレーニングと筋内の血流

筋肉中の個々の筋線維の周りには毛細血管が取り巻いていて、その両端はそれぞれ動脈と静脈につながっています。単純に考えると、筋運動中にはこうした経路を通って流れる血液（血流）の量が増し、そのような状態がパンプアップだろうと想像されますが、実際にはそれほど単純ではありません。

筋肉の中の血流は、筋肉の収縮の仕方に依存して変わります。よく知られているのが筋力発揮のレベルと血流との関係です。トレーニングで繰り返し筋力を発揮するような場合、最大筋力の30％程度までは運動中の筋内の血流量が顕著に増えます。ところが、負荷を増し、もっと力を発揮すると、筋内圧の上昇によって静脈圧が増し、血流は減少していきます。80％以上の力を発揮すると、今度は筋肉が血液をしぼり出したような状態になり、「局所性貧血」になります。中～高負荷のトレーニングでは、運動中、筋肉は貧血状態になっているのです。

一方、運動直後には筋内の循環抵抗が大きく減少し、その結果一気に多量の血液が筋肉に流れ込む、過血流の状態になります。スクワットなどの直後に一過的に貧血症状が現れることがあるのは、このような過血流が下肢や体幹筋群に起こることにより、上半身の血流が減少するためと考えることができます。しかし、筋内の血流量の増大は、流入する血液（動脈流）と流出する血液（静脈流）の両方の増加によって起こりますので、筋肉が「充血」することではありません。

パンプアップのメカニズム

それでは、パンプアップはどのようにして起こるのでしょうか。筋肉が活動するとエネルギーを使います。すると、乳酸や二酸化炭素などの代謝物が生成されます。これらは筋線維から運び出されると、毛細管の透過性（水などを通過させる性質）を増し、動脈を拡張させるようにはたらきます。このような状態で運動後に静脈圧が急降下すれば、筋内は血液が通りやすくなっているので代償的に過大な血液が流れます。

さらに、筋線維の間の空間には代謝物がたまり、浸透圧が高くなっているので、血液から血《けっ》漿《しょう》成分が浸出してきます。その結果、筋肉が「水ぶくれ」になり、身体を循環する血液量がその分減少します。ボディビル競技でパンプアップしすぎると、往々にして筋肉の「切れ味」がなくなるのはこのためです。

パンプアップの功罪

このようなメカニズムから、パンプアップには複数の要因が関係することが考えられます。代謝物を多量に生成するためのエネルギー消費、十分な局所性貧血を起こすための筋力発揮時間などです。ですから、１００回の腕立て伏せでも、10ＲＭのベンチプレス5セットでも、見かけ上同様にパンプアップを起こせます。したがってパンプアップの有無だけではトレーニン

パンプアップのメカニズム

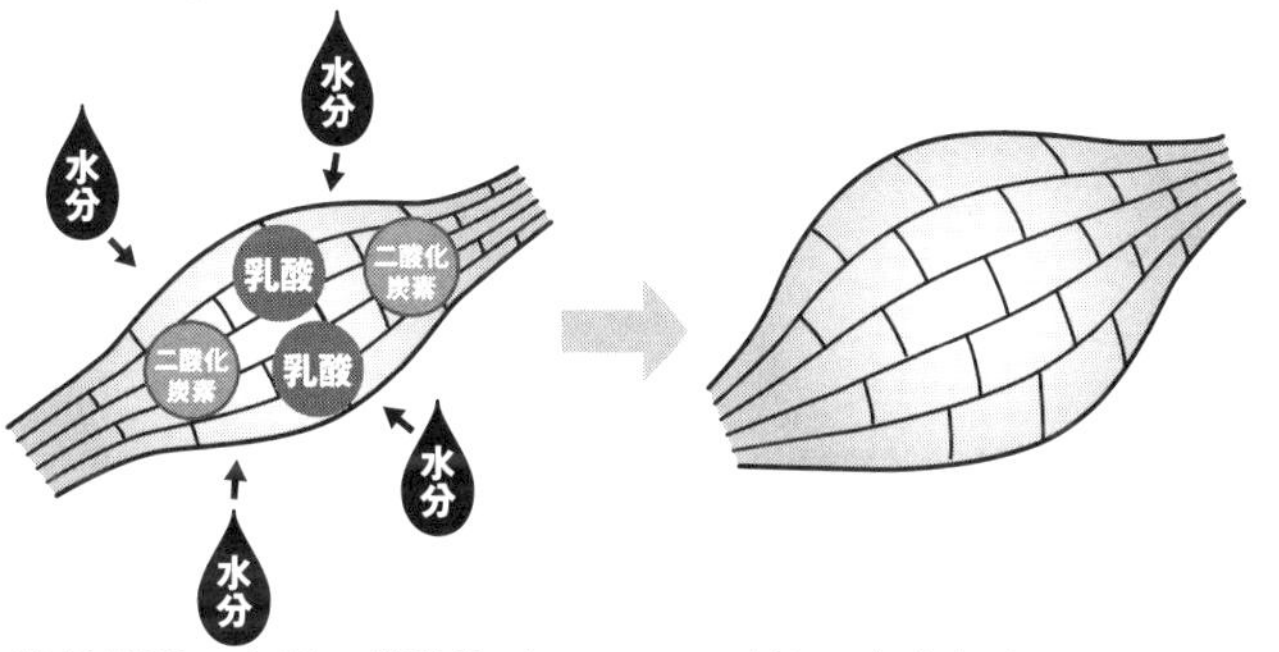

筋線維間の空間に代謝物がたまり、「水ぶくれ」状態になる

一時的に太くなる。
浸透圧が高くなっているので、身体を循環する血液量は減少

腕立て伏せ

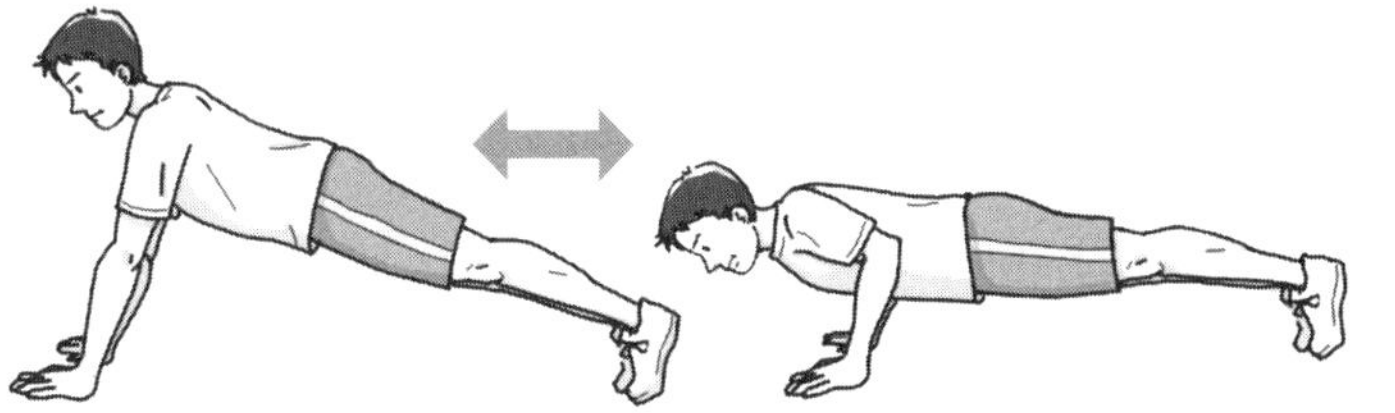

ベンチプレス

グの善し悪しを判別できませんが、適切な負荷領域を用いているのであれば、トレーニングの量やセット間のインターバルなどが適切であったかどうかの指標とはなりうるでしょう。

一方、パンプアップは筋肉の可動域を減らし、筋力やパワーを一時的に低下させます。これらは「動き」に悪影響を及ぼしますので、「動きづくり」をともなうトレーニングでは極力パンプアップを抑える方法が有用です。動作初期にバリスティック（瞬発的）に筋力発揮をする方法では、大きな筋力を発揮する時間が短いので、パンプアップが起こりにくいと考えられます。逆に、エキスパンダーやゴムチューブを引っ張るようなタイプのトレーニング（増張力性トレーニング）では、運動の進行とともに張力が増加し、筋肉が血液を絞り出すようにはたらくため、強くパンプアップするのでしょう。

ところが、私たちの研究から、筋内の血液循環の状態と筋肥大の間に密接な関係があることがわかってきました。細かいメカニズムについてはさらに研究を進めている段階ですが、筋をより肥大させるには、局所性貧血またはそれに近い状態を長時間つくるのが効果的で、筋力発揮自体は小さくてもよいらしいのです。この研究の詳細については、次の項で説明します。

「加圧トレーニング」の生理

現在、私たちが行っている新しいトレーニング法は、私たちが仮に「加圧トレーニング法」

と呼んでいるもので、筋肥大のメカニズムにも深く関係している可能性があることから、研究対象としてもきわめて興味深いものです（１９９６年時点。現在は「加圧トレーニング（Kaatsu Training）」という名称で国際的にも知られるようになっています）。自己流にこれを行うと大変危険なこともあり、公表については慎重に検討してきましたが、日本体力医学会での発表を皮切りに普及を試みる運びとなりました。

「加圧トレーニング」とは？

このトレーニング法は、共同研究者であり、サトウスポーツプラザの現オーナーの佐藤義昭氏が独自に考案し、長年行ってきた運動療法を、科学的に処方可能（方法・器具ともに国際特許取得）にしたものです。

その基本原理は、筋内の血流を適切に制限した状態でトレーニングをすると、きわめて軽い負荷での少量のトレーニングによって効果的に筋が肥大するというものです。そもそものヒントは正座にあり、一時的な血行不良を引き起こす正座が、かつての日本人の足腰の強さの秘訣ではないかとの類推に基づくものだそうです。対象は現在のところ四肢の筋群に限られていますが、大腿部の筋群に適用できるだけでもリハビリテーションや中高齢者のトレーニングとして有用と思われます。

まず、上腕または大腿の基部を、圧力センサを内蔵した特別なベルトで加圧します。このときの加圧の程度が大変重要で、動脈流をゆるく抑え、静脈流を強く阻止するようにします。加圧の程度を誤ると、逆に筋萎縮を起こす場合があるばかりか障害の危険をともなうので、注意が必要です。

この状態で1RMの40%あるいはそれ以下の低強度の負荷を用い、ショートインターバルのトレーニングを5分ほど行います（3～4セット）。

驚異的な筋肥大と筋力の増大

トレーニング処方の基礎理論からいえば、このような低強度の負荷では通常、筋肥大や筋力の増加を期待できません。ところが、このトレーニング法ではそれらが起こります。私たちは、平均年齢60歳の女性11名に、この方法を用いて肘屈筋のトレーニング（**ダンベルカール**※）を週2回、4ヵ月間行わせました。その結果、上腕部の筋断面積と筋力がいずれも平均20%（最大30%）増加したのです。

トップアスリートではどうでしょうか。1995年、日本一に輝いたサントリーラグビーチームの中に、重大な膝の障害をもつ選手がいました。彼にこの方法を適用したところ（大腿部筋群）、通常のリハビリでは完治まで10ヵ月以上かかるところを3ヵ月以内で試合に復帰させることができ、しかも彼はその後の試合で大活躍して優勝の原動力となりました。

さらに、1996年にはフォワードの主力選手にこのトレーニングをさせたところ、2ヵ月間で脚・股関節伸展パワーが平均20％増加しました。実は私自身もこの方法で肘屈・伸筋群のトレーニングを5分ずつ、週1回行っていますが、2ヵ月で上腕囲が3～4cm増えました。50cmを超えたらコンテストに復帰しようかとも考えています。

だまされる筋肉

なぜこのような効果があるのかについては、基礎研究を積み上げている段階です。生理学的な測定から、加圧した状態で40％1RM※の負荷を上げているときの筋の活動レベルが、加圧せずに80％1RMを上げているときと同程度であること、加圧トレーニング後には血中乳酸濃度などがきわめて高く、筋内環境がかなり劣悪な状態になることなどがわかりました。

さらに、前述した局所性貧血と再灌流という筋内循環のストレスが、加圧によって増幅されることから、このようなストレスが筋肥大をもたらす一要因となるのではないかと想像しています。興味深いことは、負荷を大きくすると筋収縮のポンプ作用で血液が流れてしまい、かえ

ダンベルカール　ダンベルをアンダーグリップで握り、肘を体側に固定する。その状態から反動をつけずに、肘をゆっくり曲げていく運動。戻すときもダンベルをゆっくり下ろす。
1RM　1回反復できる重量（最大挙上負荷＝1RM）に対して、その何割の負荷を用いるかを％で示す。その方法を％法という。目安としては、1RM（1回反復可能＝100％）に対して90％4回、80％8回、50％25回～となる。

って加圧の効果が薄れてしまうことです。

加圧をせずに、トレーニング後の筋肉の状態を同じようにすることも可能と考えられます。たとえば、４００ｍを全力で疾走する、10ＲＭのスクワットを1分以内のインターバルで5〜6セット行う、などです。また、より高負荷を用いてショートインターバル、高容量を行う、いわゆるヘビーデューティ・トレーニングはさらに効果的な方法かもしれません。しかし、嘔吐を覚悟しなければこれらのトレーニングは行えません。したがって、加圧トレーニング法は「筋肉をだまして肥大させる、誰にでもできる方法」といい換えることもできるでしょう。

「サイズの原理」とトレーニング

加圧トレーニングは、負荷が小さく、量が少なくとも効果的に筋が肥大するという、一見摩《ま》訶《か》不思議なトレーニング法といえます。トレーニングの指導者や実践者の方々の間には、私がこのようなことをいい始めたことに対するある種の戸惑いがあるようです。というのも、私自身が現役選手のときには、きわめて高重量の負荷を用いてハードトレーニングをすることで定評がありましたし、研究者としても「いかにして筋に強い負荷をかけるか」を主張してきたからでしょう。

ところが、研究が進むにつれ、トレーニング効果のメカニズムは想像していたよりはるかに複雑で、たとえば筋肥大といった一つの効果を得るためにもさまざまなアプローチが可能だと思うようになりました。そこで、ここではどの教本にも載っていて半ば常識となっている〝負荷と効果の関係〟について、少し違った角度から検討してみることにしました。

「サイズの原理」

トレーニングを行う場合、その目的に応じて適切な負荷を設定しなければなりません。筋のサイズを増さずに筋力を高めるのであれば最大挙上負荷《さいだいきょじょうふか》（１ＲＭ）の90％以上、筋を肥大させるとともに筋力を増すのであれば最大挙上負荷の80％前後、筋持久力を増すのであれば最大挙上負荷の60％以下というのが原則となります。これは経験的にも多くの実験からも、おおむね実証されています。生理学的な根拠は十分に揃っているとはいえませんが、その一つに「サイズの原理」があります。

何度も述べていますが、ヒトの筋肉を構成している筋線維には、大きく分けて速筋線維（ＦＴ）と遅筋線維（ＳＴ）があります。これらを支配している運動神経は脊髄に1個の細胞体をもち、そこから軸索と呼ばれる突起を伸ばしています。軸索は筋肉の中で枝分かれをして、数百本の筋線維に接合しています。１個の運動神経と、それが支配する筋線維の集団を、運動単位と呼びます。つまり、筋肉中には速筋線維を支配する運動単位と、遅筋線維を支配する運動単位がたくさん含まれています。

負荷強度、RMとトレーニング効果

（Fleck and Kraemer, 1987より改変）

負荷強度（%1RM）	RM	主たる効果
100	1	
95	2	筋力
93	3	
90	4	
87	5	
85	6	
80	8	筋肥大
77	9	
75	10-12	
70	12-15	
67	15-18	
65	18-20	
60	20-25	
50	30-	筋持久力

1987年に発表された負荷強度とトレーニング効果を示す指標。
現在でもトレーニング現場で伝統的に広く活用されている。

一般に、速筋線維を支配する運動神経は遅筋線維を支配する運動神経に比べ、細胞体が大きく、軸索も太く、支配している筋線維の数も多い、すなわち〝サイズが大きい〟という特徴があります。私たちが徐々に大きな力を出していくような場合には、まずサイズの小さな運動単位から使い始め、大きな力を出す段階になってはじめてサイズの大きな運動単位を使うようになることが、実験で確かめられています。これを「サイズの原理」と呼びます。

いい換えると、発揮する筋力が小さいときには遅筋線維から優先的に使われ、筋力の増大とともに速筋線維が使われるようになるということです。これは、エネルギーを節約するために大変都合のよい仕組みですが、大きな筋力発揮に向いていて、肥大する程度も高い速筋線維をトレーニングするには、やはり最大挙上負荷の80％前後の大きな負荷を使うことが必要なことを示しています。

「サイズの原理」の例外

ところが、最近までのいくつかの研究から、次に述べるように「サイズの原理」にも例外があることがわかってきました。

(1)エキセントリック（伸張性）トレーニング

きわめて軽い負荷を用いてトレーニングを行うとき、筋の電気的活動を記録すると、負荷を上げ（コンセントリック）、引き続き保持する（アイソメトリック）動作では、負荷が軽いので確かに遅筋線維が使われますが、次に負荷を下ろす（エキセントリック）動作では、逆に速筋線維が使われることが報告されています。つまり、エキセントリックトレーニングでは、負荷の大きさにかかわらず速筋線維が優先的に用いられることになります。

エキセントリックな動作をうまく制御するのは、神経系にとってむずかしく、身体を守るために急激な筋力発揮を要求される場合もあることから、収縮・弛緩速度の大きな速筋線維を使うのだろうと想像されていますが、詳細な機構は不明です。

(2)バリスティック（急速性）トレーニング

次に、きわめて軽い負荷を急激に加速する場合を想像してください。サルを用いた研究から、このような動作を訓練すると、遅筋線維をまったく使わずに速筋線維を使うようになることが示されました。このことから、急激な力発揮を行うトレーニング（バリスティックトレーニング）でも、負荷の大きさにかかわらず速筋線維を優先的に使う能力が高められると想像されます。

ただし、軽い負荷でもこれを強く加速するには大きな力が必要なので、〝小さな筋力発揮に速筋線維を使う〟ことでは必ずしもありません。(1)と(2)を合わせ、さらに速筋線維の使い方を練るのがプライオメトリックトレーニング（反動動作を強調したトレーニング）ということもできるでしょう。

(3)加圧トレーニング

加圧トレーニングでは、負荷がきわめて軽いにもかかわらず、筋の活動レベルは高負荷の場合と同じです。この理由として、血流を阻害した場合、低酸素状態でも十分にはたらくことのできる速筋線維が、やむをえず使われるためだろうと私たちは考えています。

以上3種のトレーニングは、うまく行えば大変効果の大きなものですが、いずれも「サイズの原理」に対するアンチテーゼを含む点で共通するのが興味深いところです。

スピードスケート選手の大腿部

少し時間は経ちましたが、長野オリンピックにおけるスピードスケートの清水宏保、岡崎朋美両選手の活躍は、まだ多くの方の記憶に焼きついていることと思います。両選手の特徴はなんといっても、ボディビルダー顔負けなほど見事に発達した大腿部と殿部でしょう。以前から「スピードスケートの選手の大腿部がなぜよく発達するか」という問題について関心をもっていましたが、加圧トレーニングの研究から、この問題に対するヒントのようなものが得られました。

スケート選手の筋の特徴

Katsuta と Kuno（1991）は、さまざまなスポーツの選手の大腿部をMRIを用いて観察し、大腿部を構成する筋群の形態的特徴を調べました。スピードスケート選手については例数は少ないのですが、大腿四頭筋のうちの外側、内側、中間のそれぞれの広筋と、後ろ側のハムストリングスが均等によく発達し、大腿中央部付近が非常に太い、〝ビア樽形〟になっていることがわかります。

一方、柔道選手や陸上競技選手では、これらの筋の**起始**※側（体幹側）と、大腿直筋（股関節屈筋）がよく発達し、全体的に腿の付け根が太く、膝の上部が細い「逆三角形」の形態をしているようです。私たちの研究室でも、ラグビーのトップ選手（フォワード）について調べ、同様の特徴があることを認めました。大腿周径囲の最大長を測ると70cmを超える人も少なくないのですが、極度に太く見えることはありません。これは大腿部の付け根に比べ、膝の真上から大腿中央部にかけてはあまり太くないからだと考えられます。

逆にバレーボール選手などでは、膝の真上の部分が特に太くなっていて、この場合にも見かけ上、〝損〟をしていることになります。大腿四頭筋を構成する筋は羽状筋といって、筋線維が筋の長軸から傾いて走行しているため、このように運動様式に依存した発達の部域差が生じるものと考えられます。

スケート動作中の筋力発揮

スケート滑走中に膝伸筋（大腿四頭筋）や股関節伸筋（大殿筋とハムストリングス）が実際にどのように活動しているかについての詳細な研究はないようです。そこで、その動作から類推して、これらの筋の活動を次の四つの相に分けて考えます。

①膝・股関節の伸展による強い前方への加速（ストローク）
②脚のすばやい前方への振り出し
③エキセントリックな筋力発揮（伸張性筋力発揮）による推進力の受け止め（接地直後）
④等尺性筋力発揮の維持（深い**クラウチング**※姿勢の維持）

このサイクルの中で、たとえばスプリント・ラン（短距離走）と比べて異なる点は、①③④の筋力発揮時間がきわめて長いことでしょう。結果的に、スケート滑走中は、膝・股関節伸筋群は強弱こそあるものの、ほとんど力を出し続けていることになります。こうした状態が500mでもほぼ40秒続くことになります。また、膝・股関節の作動域がきわめて広いことも特徴

起始　筋肉の付着部のうち、関節の動きがより小さいほうで身体の中心部に近いほう。遠いほうの付着部は停止という。
クラウチング　背中を丸め、前かがみに構える。

筋肉の形状

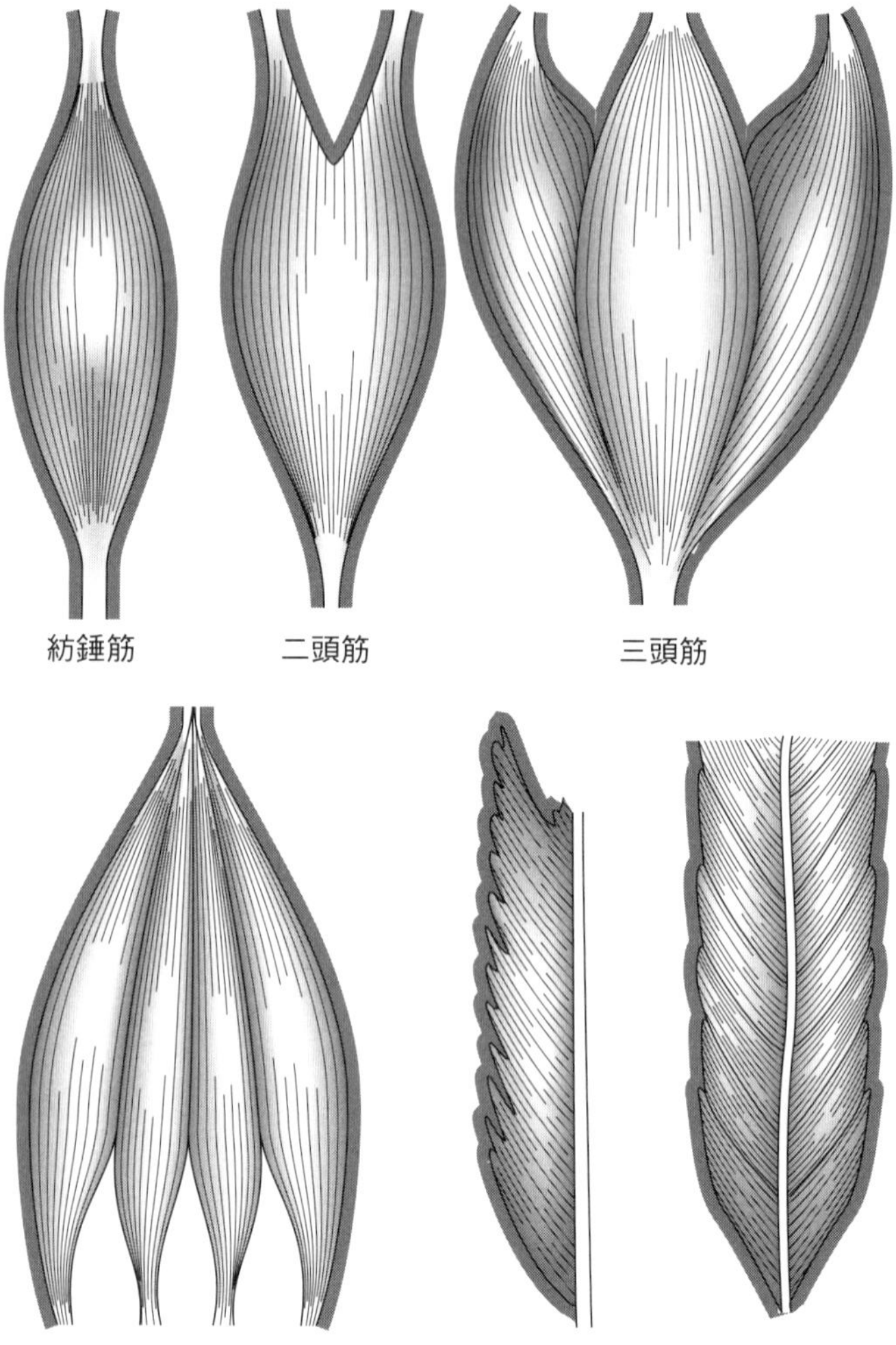

で、深くしゃがむスクワットをするのと同様の効果があると考えられます。清水選手のようにクラウチングの深い選手ほどその傾向は強いでしょう。

筋肥大と局所循環

形よく発達したスピードスケート選手の大腿部には、右に述べたように、持続的な筋力発揮と広い関節作動域という二つの秘密があるようです。筋がその最大筋力の約30％を超える力を発揮すると、筋内圧が上昇するために血液の循環が抑制されることがわかっています。したがって、スケート滑走中には筋内は低酸素状態になるとともに、代謝物も蓄積するというきわめて厳しい環境になると予想されます。これは、先に紹介した「血流を制限したトレーニング」（加圧トレーニング）の場合に類似しています。

私たちの研究室では、このような筋内環境が筋肥大を刺激する重要なシグナルになると考えています。また、筋内の代謝物の蓄積は、脳のホルモン調節センター（間脳視床下部《かんのうししょうかぶ》）を刺激し、成長ホルモンなどの分泌を活性化する可能性があります。

以上に述べたことをトレーニングに応用してみましょう。

スクワットで考えます。まず、膝・股関節の作動域を十分にとるため、ヨーロッパスタイルのパラレルスクワットを用います。１セットの持続時間が30〜40秒になるように、10レップスを目安にします。負荷をかついだらゆっくりとしゃがみ、最下点で少し静止し、強く蹴り上が

スクワット

レッグプレス

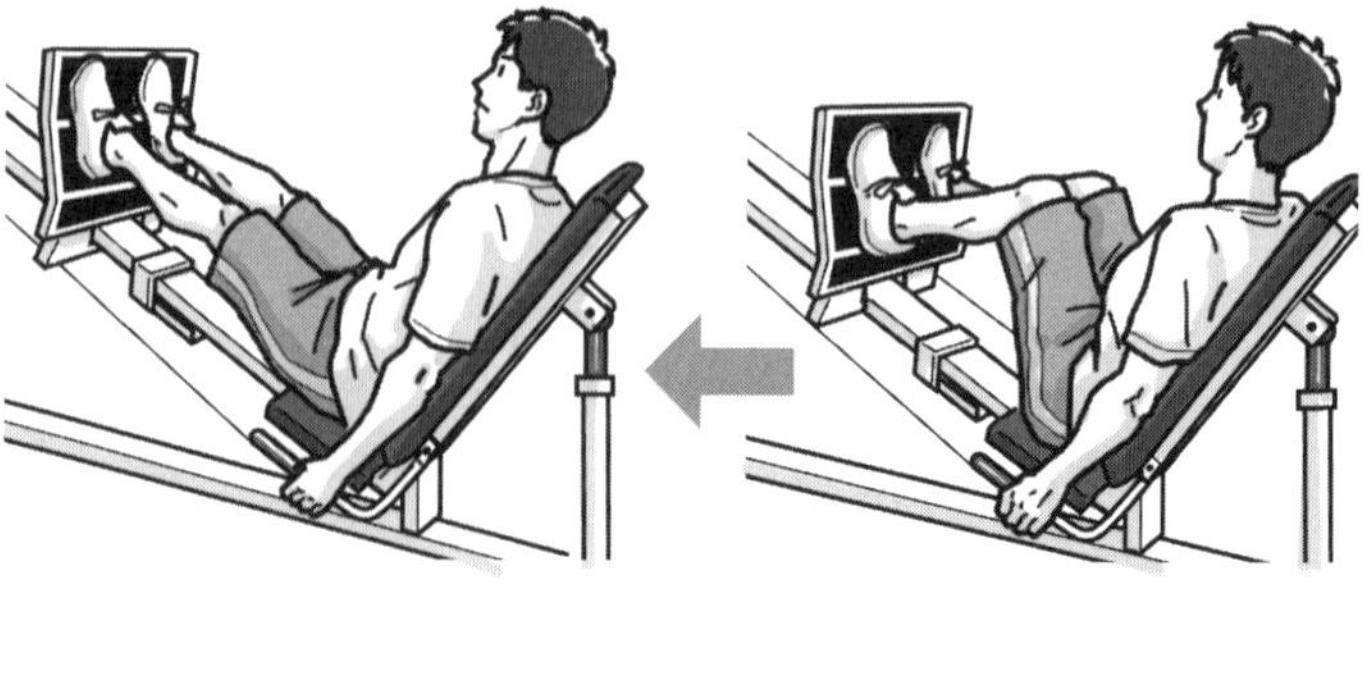

ります。立ち上がったら止まることなく、すぐにまたしゃがみます。できればセット間のインターバルを1分程度にします。こうすることで、成長ホルモンの分泌をさらに活性化できるでしょう。かつて、すばらしい大腿部でミスターユニバースを勝ち取った須藤孝三選手も、このようなスクワットを行っていたと聞いています。ただし、これは相当に〝きつい〟トレーニングです。同様の筋内環境にするためということであれば、デクライン式のレッグプレスを用いたほうが容易でしょう。

レジスタンストレーニングの適切な頻度

トレーニングをプログラムする場合、最もむずかしい問題はおそらく「トレーニングの頻度」でしょう。古くから、同一部位のトレーニングは週2〜3回がよいというのが定説となっています。この頻度は一定の効果を得るために確かに経験上〝安全な〟頻度といえますが、あまりに固定観念化していて、「週1回では効果がない」と信じている人がほとんどのようです。しかし、実際にはこの頻度が最適であることを示す実験的根拠はあまりありません。

筋疲労とその回復過程

効果的なトレーニングを行うと、必然的に疲労が生じます。レジスタンストレーニングではこの疲労は一時的な筋力低下となって現れ、ゆっくりと回復します。疲労が回復するに従い、やがて筋力が以前のレベルを超える時期が訪れ、これを「超回復」と呼びます。簡単にわかるように、超回復期に次のトレーニングを行えば、次第に筋力は増加していくことになります。しかし、こうした疲労と回復の関係はあくまでも概念であって、何日後、何時間後に超回復が訪れ、それがどのくらい持続するのかはよくわかっていません。実際には、これらのことこそがトレーニングを行う現場では最も重要な情報になります。

一般的なトレーニングによる疲労とその回復

Hakkinen ら（１９９５）は、トレーニング経験のない女性（平均年齢30歳）にレッグプレス（負荷10ＲＭ）を5セット行わせ、その直後から膝伸展筋力を経時的に測定しました。トレーニング直後では筋力は平均約80％に低下しましたが、１時間後にはすでに約90％に、２日後に約95％にまで回復しました。これ以降測定は行っていませんが、おそらく4日後には１００％に戻るか、微小な超回復が現れるものと思われます。この実験だけを見れば、脚筋群のトレーニング頻度は「中3日」、すなわち2回／週が適切となります。

しかし、筋疲労の発現の仕方はトレーニング動作に強く依存します。私たちの研究では、肘屈筋に伸張性最大筋力を発揮させるようなエキセントリックトレーニングを8回×２セット行うと、１日後に筋力が約65％にまで低下し、その後「遅発性筋痛」をともなう疲労が持続するため、10日後でも約90％までにしか回復しませんでした。Nosakaらによれば、同様のトレーニング後、さらに長期にわたって筋力を測定すると、約1ヵ月後になってやっとわずかな超回復が見られるとのことです。いわゆるネガティブワークを多用するようなタイプのトレーニングでは、その頻度を2～3回／週より低く設定しなければならないことになります。

ところが、このようなエキセントリックトレーニングを2回3回と続けていくうちに、回復時間が徐々に短縮し、6日ほどで完全に回復するようになります。すなわち、回復速度自体にもトレーニング効果があることになります。さらに、Nosakaらの最近の報告によれば、高強度のエキセントリックトレーニングを行う数日前に、あらかじめごく軽いエキセントリックトレーニングを行い、筋を〝慣らして〟おくと、高強度のトレーニング後の疲労回復速度が著しく高くなるということです。これらは、トレーニング後の回復速度がトレーニングの履歴に依存することを示しています。すなわち、あらゆる場合に用いることのできる唯一の最適頻度というものは存在しないことになります。

長期的トレーニング効果から見た頻度

トレーニングを長期間続けた場合の、頻度と効果の関係はどうでしょうか？　右記のような高強度のエキセントリックトレーニングを、多少無理をして2回／週の頻度で続けると、約2ヵ月後まではオーバートレーニングの兆候が続きますが、3ヵ月後になると急峻なトレーニング効果が現れます。こうした効果は、1回のトレーニング後の回復過程からは予測できないものです。このように「あえてオーバートレーニング気味の状態をつくり、そのリバウンドを利用する」ような方法は、しばしばアスリートの間で用いられますが、一歩誤るとミスコンディショニングに陥る危険性があるでしょう。

より一般的なトレーニングの場合については、Pollockらのグループが、腹筋群や脊柱起立筋などの体幹の筋群について、さまざまな頻度で3ヵ月間トレーニングを行った場合の筋力増加を調べています。彼らの一連の研究をまとめると、2回／週が最も効果が大きく、その効果を100％とすると、3回／週では約70％、1回／週では約35％、1回／2週では約5％の効果があることになります。この結果を解釈するには、被験者がトレーニング未経験者であることや、体幹の筋群に対象が絞られている点を考慮する必要があります。しかし、他の筋群についても、少なくとも急激な効果を必要とせず、マイペースで着実に効果を上げればよい、1週間に2回トレーニングする暇がないなどの場合には、1回／週の頻度でもよいのではないかと思われます。

筋肥大に効果的なセット間インターバル

トレーニングをプログラムする上で、「セット間インターバル」もまたむずかしい要素です。セット間インターバルは、「強度」「量」「頻度」からなるトレーニングの三要素には含まれませんが、トレーニング効果に大きな影響を与えます。ここでは、セット間インターバルとトレーニング効果、とくに筋肥大との関係について述べます。

セット間インターバルとトレーニング効果

レジスタンストレーニングの主要な目的は筋力増強と筋肥大です。一般に、筋が肥大すれば筋断面積の増大に比例して筋力も増加しますが、専門化したトレーニングではこの両者を分けるようになってきています。とくにスポーツトレーニングでの「筋力増強」は、「筋の肥大や体重増加をともなわずに筋力を増すこと」と考えます。このためには、筋力発揮時の神経系の抑制を低減する必要があります。神経系にこのような効果を及ぼすためには、最大挙上負荷の90％以上の高強度（3レップス以下）を用いることと、十分なセット間インターバル（3分以上）をとることが必要です。

一方、筋を肥大させるには、経験的に最大挙上負荷の80％（約10ＲＭ）程度の強度で、セット間インターバルを極力短く（1分程度に）する必要があります。この理由については、実はまだ完全にはわかっていません。しかし、短いセット間インターバルは少なくともホルモン分泌に大きな影響を及ぼすようです。ホルモンは筋肥大に必須の要因ではありませんが、次の3種のホルモンは筋肥大を助長すると考えられています。

◉テストステロン

血中の男性ホルモン（テストステロン）濃度は、男性では、トレーニング中とその直後に増大します。主要な筋群のトレーニング種目8種目を、5RMの強度で3分インターバルで行った場合（以後「高強度長インターバル」と略す）と、10RMの強度で1分インターバルで行った場合（以後「中強度短インターバル」と略す）とで血中テストステロン濃度を比較します。すると、高強度長インターバルの場合にはトレーニング直後にテストステロン濃度が約20％ほど増加するだけですが、中強度短インターバルの場合にはトレーニング中にこれが約60％増加することが報告されています。

◉成長ホルモン

成長ホルモンは成熟した筋を肥大させる効果をもちます。この効果は、成長ホルモンが肝臓と筋に作用して、これらにインスリン様成長因子－1（IGF－1）をつくらせ、この因子が筋に作用することによって現れます。血中成長ホルモン濃度もインスリン様成長因子濃度も、高強度長インターバルでは増加せず、中強度短インターバルのトレーニング直後（15～30分後）に著しく増加することがわかっています。

◉カテコールアミン

アドレナリンやノルアドレナリンなどのカテコールアミンにも、筋肥大を助長する効果があることがわかってきました。この効果の仕組みについてはまだ不明ですが、これらと同様の作用をもつ薬物（β2‐アゴニスト）を動物に投与すると筋肥大が起こります。一時ドーピングで問題になり、現在は国際オリンピック委員会（ＩＯＣ）の禁止薬物になっているクレンブテロールは、このβ2‐アゴニストの一種です。血中のカテコールアミン濃度もまた、中強度短インターバルのトレーニングによって著しく増大することが報告されています。

カギを握る筋内の代謝物濃度

インターバルの短いトレーニングがこのように内分泌系に強い刺激を与える理由については、十分にわかっているわけではありません。しかし、私たちの研究グループで行った実験から、筋の血液循環を制限し、乳酸などの代謝物濃度が急速に高まる状態で低強度のトレーニングを行うと、カテコールアミンや成長ホルモンの分泌が著しく高まることがわかりました。おそらく筋内の代謝物の増加を感覚神経（代謝物受容器）が感知し、間脳の視床下部にある「ホルモン分泌調節センター」を刺激するためと考えられます。インターバルの短いトレーニングの場合にも同様の機構が働いていると考えられます。

このような筋内環境をつくるための工夫にはさまざまなものがありますが、現在、私が一般にお勧めしている方法について述べます。まず、アップから始めて負荷の大きさを上げていき、3セット目くらいでピークに達してから再び負荷を下げていきます。筋量が主目的となるボディビルダーの場合でも、絶対的な挙上重量は大きいほうが有利ですので、ピーク重量（3

〜5RM）で行うまでは十分なインターバルをとり、筋力増強をねらいます。次に負荷を下げていくときには、インターバルを短く、できれば1分程度にし、しかも1セットの反復回数が5〜10RMになるようにします。さらに、最後のセットで「**マルチパウンデージ法**」※を用い、ノーインターバル（15秒程度）で負荷を段階的に落とすようにすれば、なお効果的です。

環境温度とトレーニング効果

春から初夏にかけてのよい気候のもとでは、筋肉がよく動き、バーベルも軽く感じられます。年中温暖な気候のもとでトレーニングできる人とそうでない人では、不公平があるような気もします。とくに、ボディビルダーの目から見れば、トップ選手の多くがアメリカのカリフォルニアに集まっていることからも、暖かな場所でトレーニングをしたほうが、筋肉がよく発達するのではないかと思えることでしょう。気温とトレーニング効果の関係は、科学的にはよくわかっていないのが現状ですが、ここではこの問題について考えてみます。

タンパク質の機能と温度

まず、なぜ私たちの体温が、20℃でも50℃でもなく、約37℃なのかを考えてみましょう。私たちの身体の機能をつかさどる主役は、酵素などのタンパク質です。筋が収縮する場合も、神経が活動する場合も、エネルギーをつくったり、エネルギーを使って身体をつくったりする場合（代謝）もそうです。こうしたタンパク質のはたらきは、温度に強く依存します。たとえば、さまざまな酵素の活性は、温度が10℃上昇すると平均で約2・5倍も高くなります（これをQ10＝2・5という）。筋の収縮速度や、代謝速度についても同様です。

ところが、温度が41～42℃を超えると、多くのタンパク質は変性し、細胞も死んでしまいます。このように考えると、37℃前後というのはタンパク質が変性せずに最も活発にはたらくことのできる温度ということになります。しかし、41℃まではあまり余裕がありませんので、危険な温度域であるともいえます。このため、細胞の周りの温度が上昇しすぎると、細胞は「熱ショックタンパク質」（HSP）というタンパク質をつくります。熱ショックタンパク質の多くは、さまざまなタンパク質を包み込むようにして、熱による変性から守ります。

ウォームアップをすると身体機能が上がる

スポーツやトレーニングでは、経験的にウォームアップが大事だといわれています。この理由はおそらく、筋・神経・心臓などのはたらきが、前に述べたように温度に強く依存するため

マルチパウンデージ法　休息を入れずに段階的に負荷を下げて行うトレーニング。セット間の休憩を短くする（1分程度）と大きな負荷はかけられなくなるが、成長ホルモンが大量に分泌されるため効果が高い。

です。Pavlovら（1988）の研究によると、直腸温度（深部体温）が約38・7℃に上昇したときに、身体的パフォーマンスが最大（平常温度の約30％増）になるようです。

したがって、この温度を容易に維持できる環境温度が、スポーツやトレーニングをする上で適しているといえるでしょう。気温が低いと、この温度を維持するために余計に筋が活動する必要があり、逆に気温が高すぎると、発汗のために余計なエネルギーが必要になります。さらに、湿度が高いと汗が気化しにくくなりますので、身体に熱がたまり（蓄熱）、熱中症を起こしやすくなります。

以上のようなことから、温暖で湿度の低いカリフォルニアのような気候は、やはりトレーニングに適しているといえるでしょう。それでは、このような場所でトレーニングを続ければ、筋肉もより発達しやすいのでしょうか。少なくともヒトの場合、この問題に正しく解答できるような研究は行われていません。

一方、畜産学の分野では、家畜の発育と飼育温度の関係についての数多くの研究があります。これらをまとめると、ヒツジ、ブタ、ニワトリなどでは、気温28～31℃で飼育した場合に最も筋が発達し、〈摂取エネルギー量／筋の発育量〉の値も最も小さくなるようです。この範囲の温度より高くても低くても筋の発達は低下しますが、低温では多くの場合、体脂肪量が増加します。したがって、恒温動物では28～31℃の環境温度が、最小のエネルギーコストで最適の体内環境を保つことのできる条件と思われます。

環境温度と筋の特性

ブタを12℃の低温で飼育すると、筋の中の遅筋線維の割合が増えるという報告があります。これは、増加した体脂肪を効率よくエネルギー源にすることのできる遅筋線維が増えると考えると理屈に合います。

逆に、別の研究で、ラットを1日1時間低温（20℃）の水中で遊泳させたところ、高温（30℃）の水中で遊泳させた場合に比べ、筋中の速筋線維の割合が増えたという報告もあります。水は空気に比べ熱伝導率がはるかに高いので、20℃の水中では激しく運動しても筋温は1℃以上低下すると考えられます。低温では筋の収縮速度が低下しますので、もとより収縮速度の大きな速筋線維が多いほうが、運動するためには有利でしょう。

このように、「生活温度」と「運動するときの温度」では、かなり意味が違ってくるものと思われます。「低温環境でのトレーニング」は「高所トレーニング」の場合と同様、一時的にあえて悪環境でトレーニングすることで、より高度な適応を得るという目的で使える可能性もあります。しかし、始終低温ではこのように筋の発達に支障をきたすでしょう。したがって、四季の変化の豊かな地方では、冬期のトレーニングにその寒さをポジティブに利用すればよいと思われます。こうしたことは、ウエイトリフティングなどの競技で、寒い国の選手が伝統的に強いことと関連があるかもしれません。

トレーニング種目の配列を再考する

トレーニングのプログラムでは、どのような順序で種目を配列するかも重要です。この点については「プライオリティーの原則」という大原則があるのですが、ある体育大学で非常勤講師として教えていた当時、「小さな筋群の種目から始めるのが原則」と思っている学生が大勢いて仰天したことがあります。

プライオリティーの原則

「プライオリティーの原則」は、ボディビルのトレーニングから経験的に生まれたものですが、現在では全米ストレングス&コンディショニング協会（ＮＳＣＡ）やアメリカスポーツ医学会（ＡＣＳＭ）もトレーニングプログラムの指針の一つとしてこれを採用しています。

　最も基本的な考え方は、「疲労が蓄積していないうちに、最も重要な部分のトレーニングを行う」ということです。たとえば、前腕の筋力にとくに問題があって、これを強化することが最優先課題であれば、リストカール（手首を巻き込む）から始めるということになります。しかし、一般的に重要な筋群は、体幹に近い場所にある大きな筋群です。したがって、一般的なプライオリティーの原則は、「大きな筋群の種目から始めて、徐々に小さな筋群の種目に移行することになります。

トレーニング種目の分類には、大きな筋群の種目、小さな筋群の種目という分類の他に、複数の関節を協調して使う動作（複合関節動作）による種目と、単一の関節を使う動作（単関節動作）による種目という分け方もあります。最近では、前者を「ストラクチュラルエクササイズ」（SE）、後者を「ボディパートエクササイズ」（BPE）とも呼びます。スクワット、デッドリフト、ベンチプレスなどはSE、レッグエクステンション、バタフライなどはBPEとなります。したがって、プライオリティーの原則をやや具体的に示すと、大筋群のSE→大筋群のBPE→小筋群のBPEの順にトレーニングを行うということになるでしょう。

種目配列の実際の影響

一方、こうした原則にあえて逆らい、逆の順にトレーニングを行うという方法もあります。その代表例が「**プレエグゾーション法**※」です。たとえば、大胸筋をトレーニングするとき、トライセプスプレスダウンを先に行って上腕三頭筋を疲労させ、その後でベンチプレスを行うと、大胸筋をより集中的に使うことになるので効果が大きいとも考えられます。多くの方は直

プレエグゾーション法　鍛える目的筋肉に対して、メインのセット種目を行う前に別の種目を行い、目的の筋肉に血流を促し、神経系を目覚めさせるトレーニング法。事前疲労法ともいう。

観的にこの考えが誤りであることに気づくと思われます。

それを実証するような研究は長いことなされませんでしたが、Sforzoら（1996）が定量的な実験結果を発表しました。彼らは、SE→BPEの順にトレーニングを行う場合（スクワット、レッグエクステンション、レッグカール、ベンチプレス、ミリタリープレス、トライセプスプレスダウンの順）と、そのまったく逆の順（BPE→SE）でトレーニングを行った場合のさまざまな効果について検討しました。

たとえば、ベンチプレス（4セット）の筋力発揮（負荷×回数）を見ると、SE→BPEの場合に比べ、BPE→SEの場合では4セットの合計で半分以下になってしまいます。1セット目だけを見ると、30%以下にまで低下するようです。しかも、疲労曲線の分析から、ベンチプレスでの筋力発揮は主に上腕三頭筋の筋疲労を反映していることが示唆されました。これではベンチプレスはまったくトレーニングにならないことになります。

スクワットでの筋力発揮についても同様の傾向が見られ、プライオリティーの原則が正しいことが数値をもって示されたことになります。

悪いプレエグゾーション法、よいプレエグゾーション法

このような研究は地味ですが、たとえばトライセプスプレスダウン→ベンチプレスというような順序が、プレエグゾーション法としても使いものにならないことを定量的に示した点で意

義があります。この結果を多少バイオメカニクス的に解釈すると、複関節動作の最終的なパフォーマンスは、関与する筋群のうち最も弱い筋によって制限されるということになります。これは電気回路にたとえることができ、並列に挿入された複数の抵抗の合成抵抗が、最も低い抵抗に支配されるのと似ています。最も弱い筋群の影響を減じたり、最も弱い関節周りの障害を防止したりするために、ストラクチュラルな種目には挙上テクニックが必要となるわけですが、こうしたことからも弱い筋群を先に疲労させることに利点がないことがわかります。

一方、〝使えるプレエグゾーション法〟も例外的にはあります。たとえば、ベンチプレスでどうしても三角筋や上腕三頭筋に頼ってしまう、あるいはその逆にこれらの筋が弱いために先に疲労してしまい、大胸筋に十分な刺激が与えられないような場合です。このような場合には、バタフライ→ベンチプレスのように、ＢＰＥで先に大胸筋を疲労させておくことが効果をもたらすこともあるでしょう。ただし、あくまでも大筋群の中でＳＥとＢＰＥを逆転させること、ピリオダイゼーション（長期的トレーニング計画）の中の一時期に用いること、などに留意する必要があります。

スローリフトの効果

関節や循環器にあまり負担をかけずに筋の機能を高めるトレーニングとして、「スローリフ

プレエグゾーション法

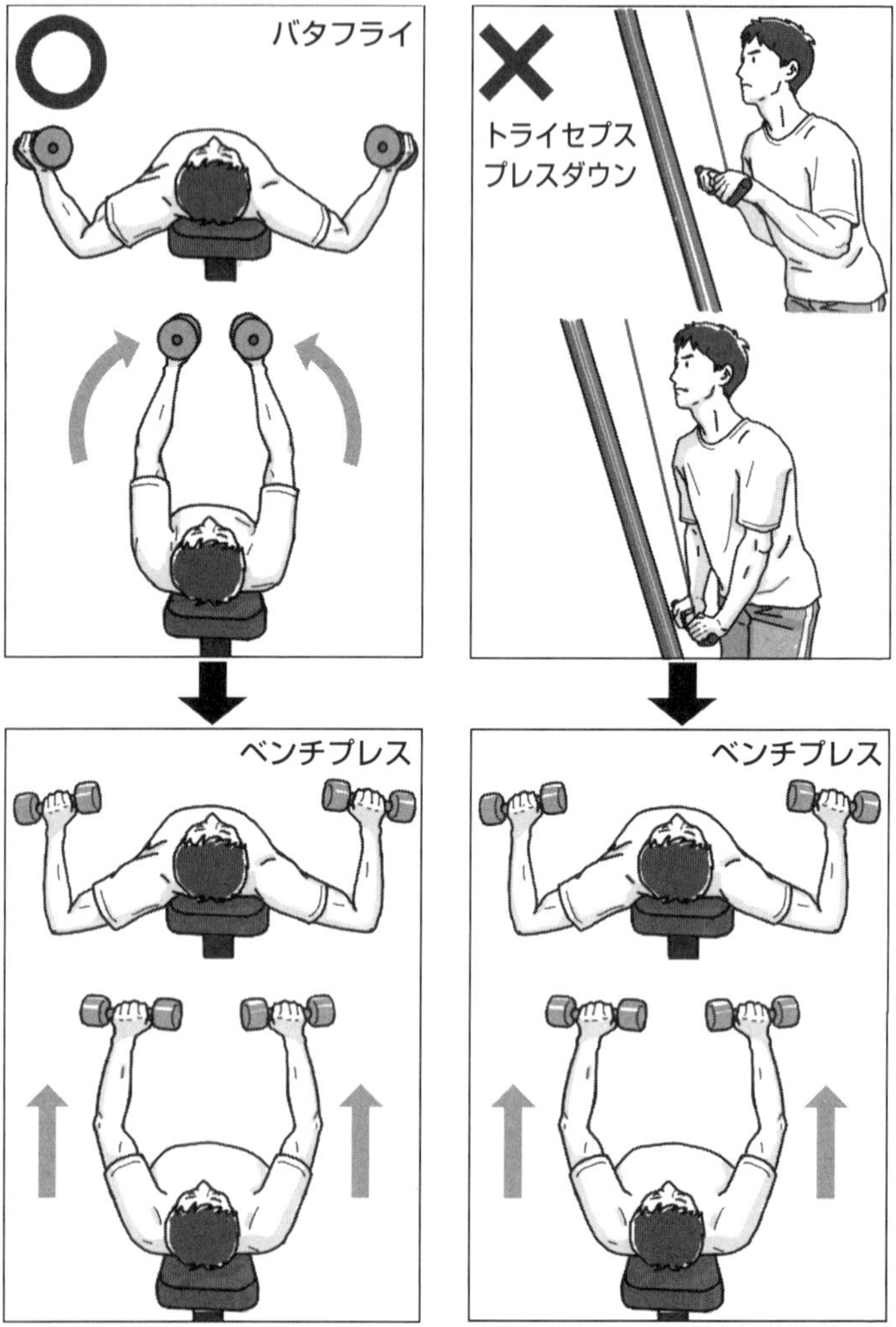

バタフライ
トライセプス
プレスダウン
ベンチプレス
ベンチプレス

ト」が注目されています。その実際の効果については、まだ十分に研究されているわけではありませんが、アメリカストレングス&コンディショニング協会も、「筋を肥大させるにはそれなりの効果がある」という見解を示しています。

クイックリフトとスローリフト

負荷がそれほど大きくない場合、負荷を上げ下げする速度をある程度コントロールすることができます。速い動作と遅い動作の両極にあるのが、クイックリフトとスローリフトです。クイックリフトには長い歴史があり、重量挙げのクリーン&ジャーク、スナッチなどがその代表的な種目です。

クイックリフトの特徴は、負荷に最大限の上向きの加速度を与え、後は慣性に任せるということです。このような場合、負荷に大きな加速度を与えるため、〈力＝質量×加速度〉に相当するきわめて大きな力が瞬間的に発揮されます。たとえば、自重のみのジャンプでは、体重が70kgであっても瞬間的には200kg重を超える力が床に対して発揮されます。外見上の負荷が小さくとも、実際には大きな力を筋が生み出し、関節などにも同等の負担がかかるわけです。

一方、スローリフトはあえて動作速度を遅くして行います。たとえば、自重負荷でのスクワットを4秒かけてしゃがみ、10秒かけて立ち上がるようにします。この場合、発揮される力は体重とほぼ同じですが、力積（＝力×時間）がきわめて大きくなるという特徴があります。

動作速度を調節する仕組み

一定の重さの負荷を、速く上げたり遅く上げたりするのは、どのようにして調節されているのでしょうか。筋肉を構成する一本一本の筋線維は、基本的には最大の力を発揮するか、力を発揮しないかの二つの状態しかとりません。これを「全か無の法則」と呼びます。したがって、筋の中の筋線維すべてを活動させると、必然的に最大筋力に対する負荷の割合で決まる最大の速度で負荷が上がるということになります。

筋の中で活動する筋線維の数を減らせば、発揮筋力に対する相対的な負荷が大きくなるので速度は遅くなります。より正確には、これに筋線維を活動させる神経信号の周波数もかかわってきますが、基本的には筋の活性化のレベルを高めれば速度は速くなります。したがって、一度により多くの筋線維を活動させるためには、なるべく速い速度で負荷を上げたほうがよいということになります。この点がクイックリフトのメリットの一つといえます。逆にスローリフトでは、動作中に活動している筋線維の数は多くありません。

筋力発揮と筋内血流

このような生理学的メカニズムに立てば、より多くの筋線維をトレーニングするためには、常に出しうる最大の速度で負荷を上げるほうがよいということになります。しかし、これまでのさまざまな研究から、効果的に筋を肥大させるためには、筋力の発揮時間も重要であることが示唆されています。アイソメトリックな筋力発揮を持続的に行う状況を想像してみてください。このような場合、筋力発揮が最大筋力の約40％のレベルを超えると、筋の内圧上昇によって筋内の血流が低下することがわかっています。この状態が続くと筋内が低酸素になり、乳酸などの代謝物も蓄積します。その結果、代謝物受容反射という仕組みによって下垂体から成長ホルモンが分泌されたり、筋線維周辺の成長因子の濃度が変化したりして、筋線維の肥大が促されるというメカニズムが考えられます。

アイソメトリックと何が違うのか？

このように考えると、いわゆる〝空気椅子〟※のようなアイソメトリックトレーニングがよいとなりますが、実はそうではありません。アイソメトリック運動は外に向かって仕事をしません。加えて、筋が生産する熱もきわめて少ないという特性があります。したがってエネルギー消費が小さく、代謝物の蓄積効果も小さいことになります。ですから、2分間の空気椅子よりは、1回10秒のスロースクワットを10回行ったほうがよいといえるでしょう。ただし、立ち上

空気椅子　背中を壁につけ、仮想の椅子に座る姿勢を維持するアイソメトリック運動（Isometric exercise）の一つ。

がった状態で休みを入れることなく、常に筋の緊張を解かないようにする必要があります。

負荷については、際限なく軽くてよいというわけではありません。前述のように、筋の血流に影響を及ぼすのは最大筋力の40%以上の負荷ですので、やはりこのあたりの負荷が目安となるでしょう。スクワットでは、最大挙上負荷が自体重と同等レベルの重量であれば、負荷なし(自重のみ)のスロースクワットで顕著な効果が期待できることになります。

スローリフトの実際の効果については、私の研究室でも予備的な実験(注)を行っています。レッグエクステンションを用いた実験では、50%1RMの負荷、筋の張力を維持しながら3秒で上げ、3秒で下ろす、10回×3セット、3ヵ月、という条件で、約10%の筋肥大と筋力の向上が起こりました。これは十分な効果といえるでしょう。

高齢社会を迎え、こうしたさまざまな工夫をトレーニング方法に取り入れることが、ますます重要となると考えられます。
(注)この実験の最終結果は、「筋発揮張力維持スロー法の効果(和訳)」としてアメリカ生理学会誌に2006年に公表しました。わが国では、『スロトレ』(高橋書店刊 2004)と題した単行本でこのトレーニング法を紹介しましたので、「スロトレ」という名称が一般化しています。

2　脂肪を落とす効果的な方法

ウォーキングの生理学

ウォーキングは、ジョギングなどと同様にエアロビック運動（有酸素運動）に分類されますが、関節や循環器に過度のストレスを与えないという利点をもちます。スポーツ選手やボディビルダーの皆さんは、「そんな軟弱なものは運動じゃない」とお考えかもしれません。しかし、長時間のウォーキングは体脂肪を燃焼させるのに効果があり、またきわめて日常的な運動ですので、通勤・通学時などをうまく利用すれば、大きな累積効果も期待できると思われます。

ここでは、ウォーキングについて生理学的に考えてみましょう。

ウォーキングとランニングの違い

ウォーキング（歩行）とランニング（走行）はまったく異なる運動です。よく、「両足がともに地面を離れている瞬間があるのがランニングである」といわれますが、もう少し細かく見てみましょう。

１７９ページの図に歩行と走行の単純なモデルを示します。歩行では、軸となる片足の真上に重心がきたときに、重心の位置が最も高くなります。すなわち、「逆さ振り子」のような動きを左右の脚が交互に繰り返すことによって、きわめて効率よく前に進みます。「卵が転がるような動き」ともよくいわれます。

一方、走行では逆に、重心が軸足の真上にきたときに、その位置が最も低くなります。脚がバネのようにはたらいて、この下がった重心を強く斜め前方に押し出します。したがって、強い推進力を得られる反面、重心が足の真上にくるまでの間に、ブレーキがかかってしまうことになります。

歩行と走行のエネルギー消費

DawsonとTaylor（1973）は、カンガルーの歩行と走行（ホッピング）に関する興味深い研究をイギリスの学術雑誌『ネイチャー』に報告しました。カンガルーは時速6㎞まででは歩行し、このときの時間当たりエネルギー消費量は速度に比例して増大します。一方、時速6㎞以上になるとホッピングに移行しますが、このホッピングでは速度が増えてもエネルギー消費量がまったく増大しません。これは長いアキレス腱がバネのようなはたらきをするためです。

ヒトではどうでしょう。アキレス腱がそれほど大きくありませんので、カンガルーほど顕著ではありませんが、同様の現象が見られます。Margaria（1938）によると、平地では時

ヒトの歩行(A)と走行(B)の単純な力学モデル

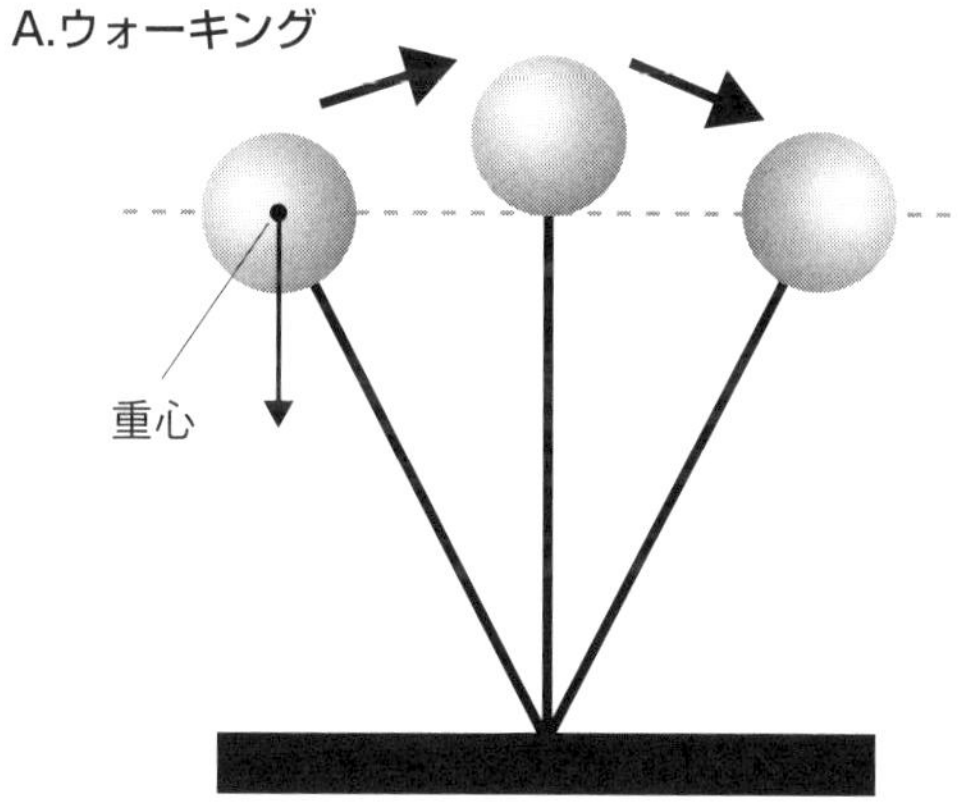

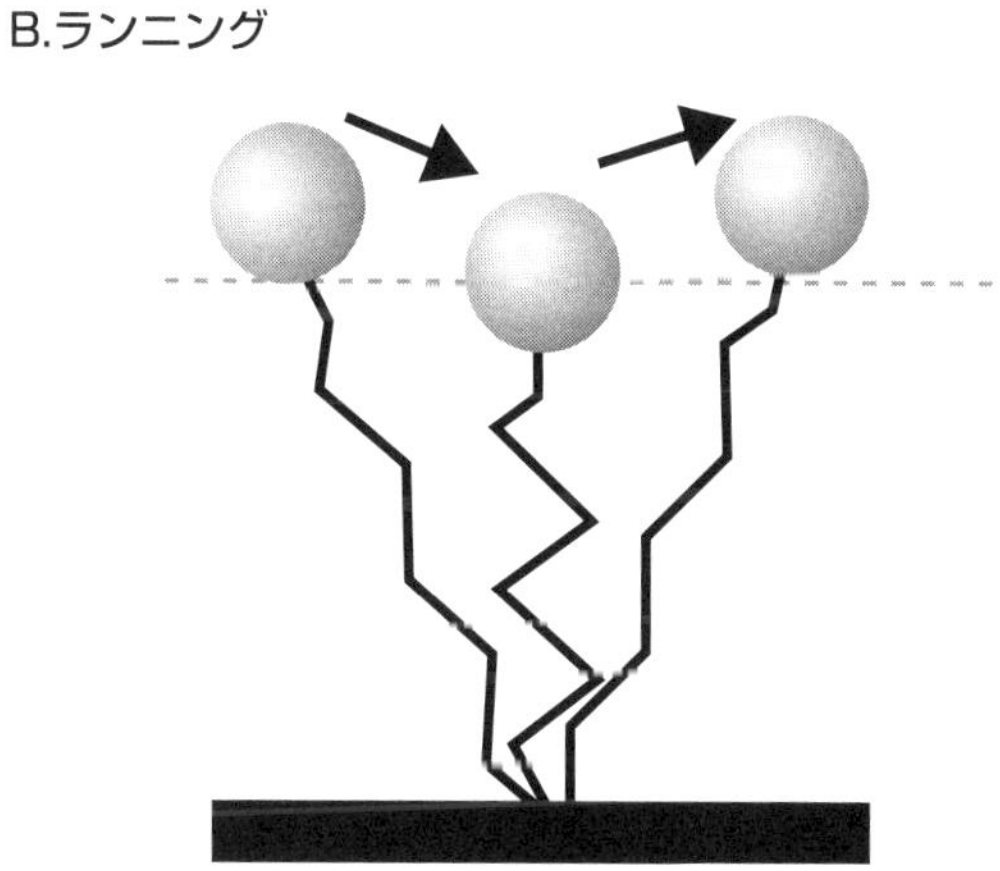

速7・5㎞までは歩行のほうが走行に比べて時間当たりのエネルギー消費量は小さく、この速度を超えると状況が逆転します。すなわち、時速7・5㎞以上の速度では、走行のほうがエネルギー効率がよくなりますので、このあたりの速度になるとヒトは自然と走り出すわけです。ただし、ヒトの走行の場合には、時間当たりのエネルギー消費量は、走行速度に比例して増大します。

歩行のエネルギー効率

時速7・5㎞以下の速度で、歩行のエネルギー消費が走行のそれと比べて小さいのは、おそらくヒトが図（179ページ）の「逆さ振り子」のような効率のよい二足歩行を身につけたからでしょう。さまざまな速度で歩行したときの、距離（1㎞）当たりのエネルギー消費量を調べてみると、時速3～5㎞あたりで最小になることが報告されています。

よく時速4㎞が歩行の標準速度といわれますが、実際にこのあたりの速度が最もエネルギー効率のよい速度であることがわかります。これはおそらく、ヒトが両足を振る動作には固有振動数があり、この振動数で自然に歩いている速度が時速3～5㎞あたりになるためでしょう。

歩行をエクササイズとして用いるウォーキングでは、（できれば）あえてエネルギー効率の悪い速度を利用すべきでしょう。もし、時速7・5㎞で歩ければ、同速度でジョギングする場合と同じ量のエネルギーを使い、伸張性動作による長期的筋疲労を防ぐこともできます。これを約35分続ければ、約３００kcalを消費することになります。これよりやや遅く、時速５・５kmですと、約70分で約３００kcalの消費となります。

重要なことは、このエネルギーのうち、約半分が脂肪から得られることです。したがって、毎日のちょっとした工夫でこのような運動を取り入れると、１ヵ月で１kg弱の体脂肪を落とせる計算になります。

脂肪燃焼のための最適トレーニング

第３章で、過剰な体脂肪の弊害、体脂肪量を増減させる要因について、最近の研究に基づいて述べました。ここでは、やはり脂肪に関する最近の話題として、運動による体脂肪の減量効果について定説にやや反するような立場から述べましょう。

運動と体脂肪の分解

生化学的には、脂肪を分解（代謝）するには酸素が必要です。したがって、エアロビック運動が効果的ということになります。エアロビック運動と脂肪の代謝については、Astrand とRodahl（１９７０）のきわめて有名な研究があります。

彼らは、運動中の呼吸量（二酸化炭素排出量／酸素摂取量）を測ることにより、①安静時および運動強度が最大酸素摂取量の半分程度（50〜60％最大酸素摂取量）までは、糖質と脂肪によるエネルギー供給の割合がおよそ1：1であること　②これより高い運動強度では、糖代謝への依存度がはるかに大きくなることを示しました。さらに、その後の研究から、たとえ低強度の運動であっても、実際に体脂肪が分解されて、血中の遊離脂肪酸濃度が上昇するまでには、最低20分程度かかることもわかりました。これらのことから、「運動によって体脂肪を燃焼させるには、低強度のエアロビック運動を最低20分以上続けることが必要」というのが定説になりました。

一方、レジスタンストレーニングに代表されるアネロビック運動のエネルギー源はほぼ100％糖質といえます。しかし、すでに述べたように、レジスタンストレーニングはその処方に依存して、成長ホルモンの分泌を促し、成長ホルモンは体脂肪を分解するきわめて強い刺激となります。実際、成長ホルモンを注射すると、その1時間後から体脂肪の分解が上昇します（Mollerら、1999）。また、長期的には筋肉量を増大させ、安静時代謝を高める効果がありますので、アネロビック運動は「運動していないときの脂肪分解を高める」効果をもつといえるでしょう。

脂肪の「分割払い」は可能か？

持久的競技のパフォーマンスの観点でも、脂肪をいかに有効に使うかが重要です。体内のエネルギー源としては、脂肪はグリコーゲンなどの糖質よりはるかに多量にあります。持久的運動で疲労困憊《こんぱい》したときには、糖質の量が著しく低下しているのに対し、脂肪の量にはまだ余裕があります。このため、運動中の脂肪分解をさらに高めるような工夫が考えられています。最も単純なものは、1週間ほど高脂肪食をとることで、脂質代謝を上昇させるという発想です（オイル・ダイエット）。また、カフェイン、L－カルニチン、アミノ酸混合物などにもそのような効果があるとする考えもあります。

しかし、Hawleyらの総説（1998）によると、少なくとも実験的には、これらのうち運動の持続力の向上に若干でも効果が認められるのは、カフェインのみであるということです。それでも、低強度のエアロビック運動では、エネルギー源の約50％は脂肪でまかなわれますので、一緒に燃やす糖質を適切にとった上で運動することは効果的といえます。

一方、「運動を持続しないと脂肪が分解され始めない」ことはなんとかならないでしょうか。Tsumuraら（2002）の研究によれば、少なくとも肥満の人では、運動による脂肪の「分割払い」も可能のようです。

彼らは、肥満患者に50Wの自転車運動をさせ、脂肪の分解にともなう血中遊離脂肪酸濃度を測りました。その結果、〈5分運動→5分休息〉×6セット、〈10分運動→5分休息〉×3セット、30分の運動持続のいずれの場合にも、同程度の脂肪分解が認められました。つまり、場合によっては必ずしも運動を長時間持続しなくてもよい可能性が出てきました。

中枢神経系のかかわりとトレーニングへのヒント

このように、運動による体脂肪の減量には多くの要因が関与していて、単純ではありません。加えて、動物を用いた研究から、これに中枢神経の疲労の程度も関係していることが示唆されています。Inoueら（1999）、Yamasakiら（2002）は、①運動によって疲労したマウスの脳内に、活性型TGF-β3という物質（サイトカイン）が増えていること　②脳内にこの物質を注入すると、マウスの自発的活動量が低下するとともに、脂肪の代謝が上昇することを示しました。したがって、脂肪の分解開始には、運動の持続時間そのものではなく、中枢神経の疲労が必要なのかもしれません。

以上の知見を総合すると、体脂肪減量のための「賢いトレーニング処方」へのヒントが見えてくるようです。ポイントで整理すると、①まずレジスタンストレーニングを行う　②これにより成長ホルモンが分泌され、中枢にも疲労が生じる　③一息入れてから、低強度のエアロビック運動を行う　④これにより、成長ホルモンで分解された脂肪がエネルギー源として利用され　⑤さらに中枢神経の疲労も大きいため脂肪の分解も早く起こる、となります。ただし、これを検証するにはまだ多くの実験が必要でしょう。

「休み休み運動」のすすめ

運動生理学では、「運動によって体脂肪を落とすには、低～中強度のエアロビック運動（有酸素運動）を長時間行う必要がある」ということが半ば常識になっています。アメリカスポーツ医学会の２００６年の指針でも、「最大酸素摂取量の40～60％の強度の運動を、一般人では最低20分以上、肥満の場合には45～60分持続すること」となっています。これは原則的には正しいのですが、たとえ強度が低くとも、45～60分間も運動を持続するのは簡単なことではありません。

そこで、「休み休みやっても効果があるのではないか？」という研究もいくつか行われてきています。私たちの研究グループでは逆に、「むしろ休みを途中に入れたほうがより脂肪が落ちる」という確証を得つつあります。

運動の強さと脂質代謝

体内で脂質を分解してエネルギーを得るには、酸素を用いて酸化するしか手はありません。したがって、運動によってすぐに体脂肪を減らそうとすると、エアロビック運動を行う必要があります。もちろん、安静時の代謝を高めて脂肪を減らすという、もう一方の戦略も重要ですが、ここではエアロビック運動そのものに焦点を当ててお話しします。

安静時には、エネルギー源のうちの約半分を脂質が、残りの約半分を糖質が担っています。運動を始め、強度を徐々に高めていくと、最大酸素摂取量40~60%までは、同程度（約50%）の脂質依存度が維持されますが、この強度を超えると、さらに必要となる分のエネルギーは主に糖質によってまかなわれるため、糖質への依存度が高まります。ですから低~中強度の運動を長時間行ったほうが、効率よく脂肪を落とすことができるわけです。しばしば、低~中強度の運動をしたときにだけ脂肪燃焼のスイッチが入るかのように誤解されますが、そのようなことはありません。

体脂肪の分解と脂質代謝

体脂肪の減量のためには、最終的に脂肪組織の中の脂肪細胞に蓄えられている中性脂肪を減らす必要があります。脂肪細胞内の中性脂肪は、ホルモン感受性リパーゼという酵素によって、脂肪酸とグリセロールに分解されます。これらが血中に遊離し、筋などに取り込まれてエネルギー源となります。

脂肪細胞のホルモン感受性リパーゼは、アドレナリン、ノルアドレナリン、成長ホルモン、インターロイキン-6（IL-6）などのホルモンによって活性化されます。一方、インスリンはこの酵素の活性を抑制し、同時に糖の取り込みを活性化します。

血中の脂肪酸（遊離脂肪酸）とグリセロールを測りながら、低〜中強度のエアロビック運動を開始すると、なかなかこれらの濃度が上昇してこないことがわかります。グリセロールは運動開始とともに徐々に上昇しますが、脂肪酸は15分ほどしてから徐々に上昇し始めます。

いずれも、はっきり上昇したと認められるまでには20分ほどかかりますので、「20分以上運動を持続しないと脂肪は分解されない」ということになります。グリセロールの上昇が比較的早いのは、おそらく細胞膜を通りやすいアルコールだからです。

運動中のホルモン変化

脂肪の分解と血中への放出がなかなか進まない理由の一つは、ホルモン反応にあります。低〜中強度の運動ではホルモン反応が鈍く、血中のアドレナリン、成長ホルモンなどはゆるやかに増加し、インスリンもゆるやかに減少します。これと対極にあるのが筋力トレーニングなどの強度の高い運動で、これらのホルモンはすばやく反応します。実際、私たちのグループでは、エアロビック運動の前に筋力トレーニングを行うことで、エアロビック運動中の脂質代謝が増強されることを見出しました。

「中休み」と脂肪の分解

さて、このような「筋トレ→休息→エアロ」と同様の効果は、うまくすると「エアロ→休息

↓エアロ」でも起こるかもしれません。そこで私たちは、最大酸素摂取量60％の運動を1時間行う場合と、20分の休息をはさんで30分ずつ行う場合で、ホルモン応答と脂質代謝がどのように異なるかを調べました。

その結果、アドレナリン、成長ホルモン、インスリンなどの応答は、運動を分割したほうがトータルとして大きくなることがわかりました。また、血中の脂肪酸とグリセロールも、脂質へのエネルギー依存度も、最終的には運動を分割した場合のほうが高く、しかも運動終了後にもしばらく高いレベルが維持されました（Gotoら、2006）。

この結果は、あまりに長く運動を持続するより、適宜「中休み」を入れたほうが脂肪の減量には効果的であることを示唆しています。しかし、なぜそうなのかはまだ不詳です。おそらく、運動から脂質代謝に至る数多くのステップのうち、いくつかの箇所は運動を一時停止してもしばらく〝オン〟の状態にある、すなわち自動車でいえばアイドリングのような状態にあるためと想像されますが、今後の研究が必要です。また、「最も効果的な運動時間と休息時間」を知るためにも、数多くの実験を行っていく必要があるでしょう。

エアロビックが先かレジスタンスが先か

体脂肪を減量するための王道はやはり運動であること、そしてエアロビック運動には直接のエネルギー源として脂肪を代謝する（燃焼する）効果があり、一方レジスタンストレーニングには、筋量を増すことで安静時代謝を高めたり、ホルモン分泌を刺激して脂肪の分解を促進したりする効果があることを前述しました。つまり、これら両タイプの運動を行うのが理想的です。

私たちの研究グループでは、より効果的に体脂肪を減らすために、エアロビック運動とレジスタンストレーニングをどのように組み合わせたらよいかを調べてきました。最近その研究成果をいくつかの論文にまとめて欧米の学術誌に発表しましたので、このテーマについてもう少し詳しく述べましょう。

〝教科書的〟にはエアロビック運動から

トレーニングの教科書では、複数のタイプの運動やトレーニング種目を組み合わせる場合、〝最も重要なもの〟から行うべきとされています（「プライオリティーの原則」）。疲労していない元気なうちに行った運動のほうが、より効果が高いと考えられるからです。したがって、「体脂肪を落とすこと」が最優先課題である場合には、脂質の代謝に最も効果的なエアロビック運動をまず行い、残りの時間で筋肉を落とさないためにレジスタンストレーニングを行っておくというのが、教科書的には正解です。

しかし、ここで思い出してください。体脂肪の代謝には、中性脂肪が脂肪酸とグリセロールに分解されるステップと、脂肪酸とグリセロールの代謝（いわゆる「燃焼」）という二つのステップがあり、この二つのステップを完結する必要があると前述しました。まず、中性脂肪の分解には、アドレナリンや成長ホルモンなどのホルモンが重要です。これらのホルモンの分泌はレジスタンストレーニングによって強く刺激されますので、レジスタンス→エアロビックの順に運動を行ったほうがよいのではないかと類推されます。

レジスタンス→エアロビックで脂質代謝が高まる

実際、Ronsenら（２００１）は、レジスタンストレーニングを行うと、その後約48時間にもわたり安静時のエネルギー消費（安静時代謝）が高く、脂質代謝も高まった状態が持続すると報告しています。少量の成長ホルモンを静脈注射した場合、１時間後から中性脂肪の分解産物である遊離脂肪酸の血中濃度が上昇し始め、その後少なくとも6時間以上持続します。したがって、Ronsenらの実験結果は、主に成長ホルモンによって脂肪が持続的に分解され、エネルギー源として利用されやすい状態になっているためと解釈されます。

そこで、私たちは、①60分間のエアロビック運動（強度は50％最大酸素摂取量）のみを行う［Eタイプ］　②30分間のレジスタンストレーニング（10ＲＭ強度で行う典型的な筋肥大タイプのトレーニング）の20分後に①と同じエアロビック運動を行う［ＲＥ20タイプ］　③同じレジスタンストレーニングの１２０分後に同じエアロビック運動を行う［ＲＥ１２０タイプ］の３

通りのプログラムの効果を調べました。

その結果、エアロビック運動中の血中遊離脂肪酸濃度はＲＥ１２０＝ＲＥ20＞Ｅ、血中グリセロール濃度はＲＥ20＞ＲＥ１２０＞Ｅとなりました。さらに、呼気ガス分析（呼吸交換比）から計算したエアロビック運動中の脂質代謝量（脂質の酸化＝燃焼の程度）も、ＲＥ20＞ＲＥ１２０＞Ｅとなり、実際にレジスタンス→エアロビックの順で運動を行うと、脂質代謝が増進することが確かめられました（Gotoら、２００７）。

しかし、この結果には予想外の面もあります。成長ホルモンの注射では、１時間後に脂肪分解が始まり、２時間後にほぼ最大値に達しますので、ＲＥ１２０が最も効果的であろうと予想したからです。おそらく、より早く脂肪分解を刺激するアドレナリンやノルアドレナリンの効果が大きいものと考えていますが、さらに詳細な検討が必要です。

いずれにしても、脂質代謝を高めるという観点では、レジスタンス→エアロビックの順序がよいことは確実です。そのインターバルについては、20～１２０分の間で効果がありますが、短いほうがよいであろうというのが現時点での結論です。

順序を逆転すると成長ホルモンの分泌が起こらない

一方、順序を逆転して、エアロビック→レジスタンスにしたらどうでしょうか？　実はこの点については、より早く研究を行っていて、エアロビック（前記と同様）→レジスタンス（前記と同様）の順に運動を行うと、レジスタンストレーニング中の成長ホルモンの分泌が完全に抑えられてしまうことがすでに報告されています（Gotoら、２００５）。この場合、その後の持続的な脂肪分解までは測定していませんが、少なくともレジスタンストレーニングによる筋力強化の点では明らかにマイナスでしょう。

安全かつ効果的にレジスタンストレーニングを行うためには、10分程度、軽いエアロビック運動を行ってウォームアップをする必要があります。これでホルモン分泌が抑制されてしまっては困りものですが、しかし心配は無用。この程度のエアロビック運動であれば、レジスタンストレーニング後のホルモン分泌への影響がまったくないことも確かめています。

3　目的に合わせた筋改造

「10秒運動―30秒休息」のインターバルトレーニング

１９９６年当時、私が研究指導をしている大学院生に、宝田雄大君という学生がいました（現在は早稲田大学スポーツ科学学術院准教授）。彼はサントリーラグビー部のフィットネスコーチという肩書ももっていました。１９９３年、彼がこの仕事を引き受けたときには、サントリーは東日本社会人リーグで最下位でした。そのチームが１９９７年には日本一に輝きました。このような大きな進歩にはさまざまな要因が関与していますが、その一つに科学的なトレーニングが挙げられます。

スポーツを分析することの重要性

彼はまず、チームの体力レベルを分析し、筋力とパワーについてはほぼ満足できるレベルにあるものの、試合の前後半それぞれ40分間フルに動くための持久力が不足していると判断しました。全身持久力を高めるトレーニング法にはいろいろありますが、ラグビーの動きに直結する持久性が重要と考え、トレーニングプログラムを作成するために、試合を徹底的に分析することから始めました。

膨大なビデオ記録の分析や、選手へのアンケート調査などから、試合中の典型的な動きのパターンが、バックスもフォワードも10秒間の強い運動と30秒間の休息の繰り返しであることがわかりました。生理学から見ると、10秒間最大能力を発揮する運動をしてしまうと、次の30秒の休息ではエネルギーの補給が間に合いませんので、とても40分間はもちません。

したがって、常に最大下のレベルで運動するか、さもなければ時間経過にともなってパフォーマンスが徐々に低下していくことになります。そこで、このようなパターンの繰り返し運動における一定時間内の最大能力を引き上げておくことが合理的な戦略となります。このようなアプローチや考え方は多くの場合見すごされがちですが、トレーニングの本質の一つではないかと思います。

以上のような分析から、10秒急走、30秒休息のリズムをもつ、10分間のインターバルトレーニングが行われました。ただ、ダッシュとジョグを単調に繰り返すだけの通常のインターバルトレーニングではなく、約15ｍの距離をダッシュし、急停止して切り返すというシャトルランを中心的な運動としました。後で述べるように、このこともきわめて重要になります。

このように、ほんの10分間のトレーニングなのですが、全身持久性に及ぼすその効果はきわめて大きく、３ヵ月で最大酸素摂取量が平均約20％、１５００ｍ走のタイムが平均約30秒も向上したのです。

エキセントリック動作に対する抵抗力

筋が力を出しながら伸張する「エキセントリック」動作によって、強い筋疲労が起こることはお話ししましたが、ラグビーの動作でも「強いステップを切る」「相手に押される」などの局面で、このような動作が多用されます。したがって、本人があまり意識することなしに、筋のパフォーマンスがどんどん低下していくことになります。このような現象は試合であれば、さらに相手が強ければそれだけ大きく現れます。

したがって、急停止から切り返しという、強いエキセントリック動作を繰り返すトレーニングによって、筋疲労に対する抵抗力を高めておくことが重要となってきます。これはラグビーに限らず、他の多くのスポーツでも同様だと思います。

身体組成への効果

もう一つ興味深いことは、このトレーニングによって選手の体脂肪率が2〜3％減少し、同時に除脂肪体重がやや増加したことでした。前述の通り、生理学上の定説として、脂肪を選択的に落とすためには、低強度のエアロビック運動を長時間行う必要があります。これは、脂肪をエネルギー源として利用するために酸素が必要であること、脂肪細胞から脂肪が分解・遊離される過程がアドレナリンで促進され、逆に血液中の乳酸で阻害されることによります。

では、比較的短時間のインターバルトレーニングで体脂肪が選択的に減ったのは、なぜでしょうか。おそらく、10秒間の強い運動自体では血中の乳酸はさほど上昇せず、さらに有酸素能力が十分に高ければ、次の30秒間のエネルギー補給時に多量の酸素が使われるためでしょう。

これらの点についてはさらに検討が必要ですが、ボディビルダーの減量のためにも、30秒程度のインターバルでセットを繰り返すようなトレーニングが有用かもしれません。実は私も、現役時代には時間があまりありませんでしたので、減量時にはこのような方法を好んで行っていました。

中・長距離走になぜレジスタンストレーニングが必要か

２００４年11月に、「レジスタンストレーニングの変遷と現状」と題したシンポジウムが行われました。演者はシドニー工科大学のA．マーフィー博士、東海大学の有賀誠司氏と私の３名でしたが、中でもマーフィー博士の「プライオメトリック・エクササイズの進歩と未来への方向性」という発表は大変興味深いものでした。プライオメトリックトレーニングは従来、スプリント／ジャンプ系競技のための専門的トレーニングとされてきましたが、彼らのグループは最近の一連の研究から、これが中・長距離走のパフォーマンスを高める効果があることを示しました。

全身持久力と持久走パフォーマンス

中・長距離走を含む持久的競技のパフォーマンスには、まず呼吸・循環・代謝機能が深くかかわります。これらの機能のうち、比較的容易に測れる指標として、最大酸素摂取量（VO_2max）と乳酸性作業閾値《いきち》（ＬＴ）があります。最大酸素摂取量は呼吸・循環系によって作業筋に酸素を供給することのできる上限値を示します。

一方、運動強度を上げていくと、やがて有酸素性代謝のみではエネルギー供給が間に合わず、無酸素性代謝を併用しなければならなくなるために乳酸生成が増加（血中乳酸濃度も増加）し始めます。このときの運動強度をＬＴと呼びます。これまで多くの研究が、１５００ｍ走からマラソン競技に至るまでの持久走パフォーマンスと、実験室内で測定した最大酸素摂取量および乳酸性作業閾値の間に強い相関関係があることを示してきました。

実際の走パフォーマンスには、このような生理学的要因に加え、走フォームの善し悪しなどさまざまな要因が関与してきますので、最大酸素摂取量や乳酸性作業閾値が同じでも、走タイムのよい人、悪い人といった幅が出てきます。こうした付加的な要因のうち、強い影響力をもつものにランニングのエネルギー効率（ランニング効率）があります。

ランニング効率は酸素摂取量当たりの走スピードで定義されます。したがって、最大酸素摂取量が同じでもランニング効率のよい人ほど持久走パフォーマンスは高くなると考えられます。

プライオメトリックトレーニング

プライオメトリックトレーニングは、生理学的には筋が活動状態を維持したまま伸張・短縮するように行うトレーニングといえます（伸張―短縮サイクル　ＳＳＣ）。実際のエクササイズには、自重を利用したジャンプ系のもの（デプスジャンプやバウンディング）から、マシンやメディシンボールなどを利用したＳＳＣトレーニングまで、さまざまなものがあります。いずれの場合にも、伸張性筋収縮により急減速し、切り返して短縮性収縮により急加速するという動作（反動動作）が基本となりますので、瞬発的なパワー発揮のための神経・筋機能の改善に効果的とされています。

Murphyら（2003）は、17名の中・長距離ランナーを対象に、6週間の漸増的プライオメトリックトレーニングの効果を調べました。その結果、垂直跳びなどのパワー系機能が向上したばかりでなく、3㎞走のタイムが平均で約16秒（距離にして約80ｍ）も向上しました。一方、最大酸素摂取量および乳酸性作業閾値には変化はありませんでした。しかし、同一の最大下走速度での酸素摂取量は低下しました。

これらの結果から、プライオメトリックトレーニングは、全身持久力にかかわる呼吸・循環・代謝機能にはまったく効果を及ぼさないものの、ランニング効率を高めることで走パフォーマンスを改善することが示されました。

効果のメカニズムは？

プライオメトリックトレーニングのこうした効果には、少なくとも二つの要因が関与していると思われます。一つは神経系のはたらきです。プライオメトリックトレーニングを行うと、たとえばホッピング動作などでの接地時間が短縮されます。これは接地の直前に筋活動がよりすばやく、同期されて起こるようになるためと考えられます。

もう一つは筋の「硬さ」です。この研究では、トレーニング後に脚筋群の「スティフネス」、すなわち受動的な「硬さ」が増大したことも示されました。この受動的『硬さ』には、伸張反射などの神経活動も混在している可能性がありますが、これらの二つの要因はいずれも、接地時にアキレス腱などの弾性要素をより強く引き伸ばすように作用します。すると、着地にともなうエネルギーがより効率的に弾性エネルギーとして蓄えられ、次のジャンプに利用されると考えられます。その極端な場合が「ウォーキングの生理学」の項で紹介した「カンガルーのホッピング」といえるでしょう（１７８ページ参照）。

プライオメトリックトレーニングは、外観上の負荷に比べはるかに大きな筋力発揮をともなう場合が多く、容易に行えるものではありません。したがって、中・長距離選手の場合にも、基礎的レジスタンストレーニングによって神経・筋機能のポテンシャルを十分に高めた上で、段階的にプライオメトリックトレーニングへと移行することが、安全性と効果の両面から見て重要と思われます。

ストレッチは運動パフォーマンスを低下させる？

筋力トレーニング、とくに爆発的な筋力発揮を高めるためのプライオメトリックトレーニングが、意外にも中・長距離走のパフォーマンスを高めることは前述の通りです。一方、ここ１

～2年の研究により、スタティック・ストレッチが筋力発揮を低下させてしまうことが示されています。「運動やトレーニングの前に入念なストレッチ」は、いわばセオリーになっていますので、このことも一般的には意外な事実ということになるでしょう。ただし、これを解釈するためには注意が必要で、ただちに「今まで行ってきたストレッチを止めたほうがよい」ということにはなりません。

ストレッチの一般的効果

ストレッチには、リラックスしてゆっくりと筋を伸ばすスタティック・ストレッチ、反動動作を利用するバリスティック・ストレッチ、筋力発揮をともなうダイナミック・ストレッチなど、さまざまなものがあります。これらに共通した効果として、筋の余分な緊張を除き、関節可動域（ＲＯＭ）を広げることが挙げられます。

体内のほとんどの筋は、運動をしていないときでも多少の緊張を保っています。長時間同じ姿勢でいると筋の緊張が徐々に高まり、関節可動域が低下してきます。こうした状態では、なめらかな動きができなかったり、急に関節を大きく動かすことで障害が発生したりしますので、ストレッチによって筋の余分な緊張を取り除くことは当然重要と考えられます。

スタティック・ストレッチによる筋力低下

ところが最近、3～10分のスタティック・ストレッチの前後で筋力を測定すると、最大挙上負荷、**等速性筋力**※などの動的筋力（McLellanら、２０００　Cramerら、２００４など）、等尺性筋力および筋力発揮速度（Nelsonら、２０００など）がいずれも低下してしまうことが示されました。筋力低下は最大で約30％にも及び、その効果はストレッチ終了後45分間ほど持続するようです。

また、筋力低下と並行して、筋の電気的活動も低下することから（Fowlesら、２０００）、この筋力低下は、筋線維の動員能力の低下によることが示唆されます。筋力・パワー系競技の選手にとってこれは大問題です。

スタティック・ストレッチによる筋力低下のメカニズムについては、およそ次のように考えられています。筋には、筋紡錘という受容器があり、筋の長さを検知しています。筋紡錘が伸張されると、感覚信号が脊髄や脳の中枢神経系に送られますが、このとき脊髄中にある運動神経（α-運動ニューロン）の活動を増強し、伸張された筋の活動を高めるように作用します。これを伸張反射といいます。筋が伸張されると、これに抗して大きな筋力を意識しなくとも瞬

等速性筋力　筋力発揮を測定する方法の一つのタイプ。ほかに等尺性筋力、等張性筋力などがある。

時に発揮できるような仕組みです。

一方、筋紡錘の内部にも、錘内線維と呼ばれる筋線維があり、運動神経による支配を受けています（γ-運動ニューロン）。錘内線維は、筋紡錘の感度を調節していて、γ-運動ニューロンが活動すると筋紡錘の感度が上がります。最大筋力を発揮するときには、αとγの両方の運動ニューロンが活動し、筋紡錘からの感覚信号によってさらに筋力発揮が増強される仕組みがはたらきます。これをγ-α共役と呼びます。スタティック・ストレッチにより、筋紡錘の感度が低下し（脱感作）、その結果、筋の緊張は低減するものの、γ-α共役がうまくはたらかなくなって筋力も低下する可能性があります。

身体の〝硬さ〟と障害

それでは、障害とストレッチの関連はどうでしょうか。関節可動域の大きさとスポーツ障害の関係については、多くの疫学的研究があります。

それらをまとめると、「関節可動域が極端に狭い場合には障害の原因になるが、必ずしも関節可動域が広いことが障害を防ぐ要因にはならない」といえると思います。逆に、関節可動域が広すぎると関節の「ゆるさ」につながり、障害の危険性が増すとの報告もあります。体操競技のように、関節可動域が直接的に重要となる競技もありますので一般化はできませんが、もともと関節の「ゆるい」傾向のある選手にとっては、ストレッチのやりすぎは問題となるでしよう。

アクティブ・ウォームアップ

これに対し、ジャンプやジョギングなどのアクティブ・ウォームアップを10分ほど行うと、関節可動域が広がり、筋力が低下せず、筋力発揮速度が向上することが示されていますRosenbaumら、１９９５)。こうした効果には、筋活動と筋の伸張（ストレッチ）が組み合わされていること、筋の循環が活性化し、筋温も上昇すること、などの要因が関連しているものと思われます。

このように、運動やトレーニングにスタティック・ストレッチをどのように取り入れていくかは、スポーツ生理学の分野では新たな課題になってきています。どのようにしたらよいのか、具体的な答えはまだありませんが、現時点でいえるのは次のようなことでしょう。

◎最大パフォーマンスを発揮する直前にはスタティック・ストレッチは行わない。

◎やみくもにスタティック・ストレッチに長時間を費やすのではなく、スタティック・ストレッチ→ダイナミック・ストレッチ→アクティブ・ウォームアップのように、段階的に筋力発揮のための準備を行っていく。

第5章

ダイエットとサプリメント

1 サプリメントとスポーツ競技力

レジスタンストレーニングとタンパク質摂取のタイミング

講習会や講演で、「トレーニング直後にプロテインを飲んだほうがよいのか?」という質問をよく受けます。この質問に正確に答えるのはむずかしく、動物実験などのデータから類推して、ややあいまいに答えていたように思います。しかし近年、デンマークのEsmarckら（2001）が、トレーニング直後のタンパク質摂取が筋肥大に著しい効果を示すことを、ヒトを対象にした実験で示し、その後同様の研究結果が報告されています。

そこで、トレーニング効果を高めるためのタンパク質摂取のタイミングについて考えてみましょう。

トレーニング直後のプロテイン摂取が筋肥大を助長

Esmarckらは、高齢男性（平均年齢74歳）にレッグプレス、ラットプルダウン、レッグエクステンションをそれぞれ3〜4セット（強度は20〜8RM、頻度は3回／週）行わせ、大腿四頭筋の筋断面積、膝伸展筋力などの変化を調べました。トレーニング時間は朝8時から10時の間の約30分間で、トレーニング直後にプロテインサプリメント（タンパク質10g、炭水化物

７ｇ）を摂取するグループと、トレーニング２時間後に同じサプリメントを摂取するグループに分けました。

その結果、トレーニング直後に摂取したグループでは、筋断面積で平均７％、等速性筋力で平均15％の増大が見られたのに対し、２時間後に摂取したグループでは、これらに有意な増大は見られませんでした。

同様の効果を示す研究は、動物実験ではすでに行われています。Suzukiら（１９９９）は、ラットに10週間のトレーニングを行わせ、トレーニング直後に餌を与えると、４時間後に餌を与えた場合に比べて筋肥大の程度が大きいことを示しました。Esmarckらの研究は、２時間後にプロテインを摂取したグループにはまったくトレーニング効果が現れなかったことに関して問題を残しますが、タンパク質摂取のタイミングの重要性をヒトで示した最初の研究といえるでしょう。

トレーニング後のタンパクの合成と分解

筋の内部では、筋タンパク質の合成と分解の両方が起こっています。合成量から分解量を差し引いたもの（これを「正味のタンパク合成」と呼ぶ）がプラスであれば筋は肥大する方向へ、マイナスであれば筋は萎縮する方向へ向かいます。

いくつかの研究によれば、トレーニング後に筋のタンパク合成は増大し、３時間後にピーク

レッグプレス

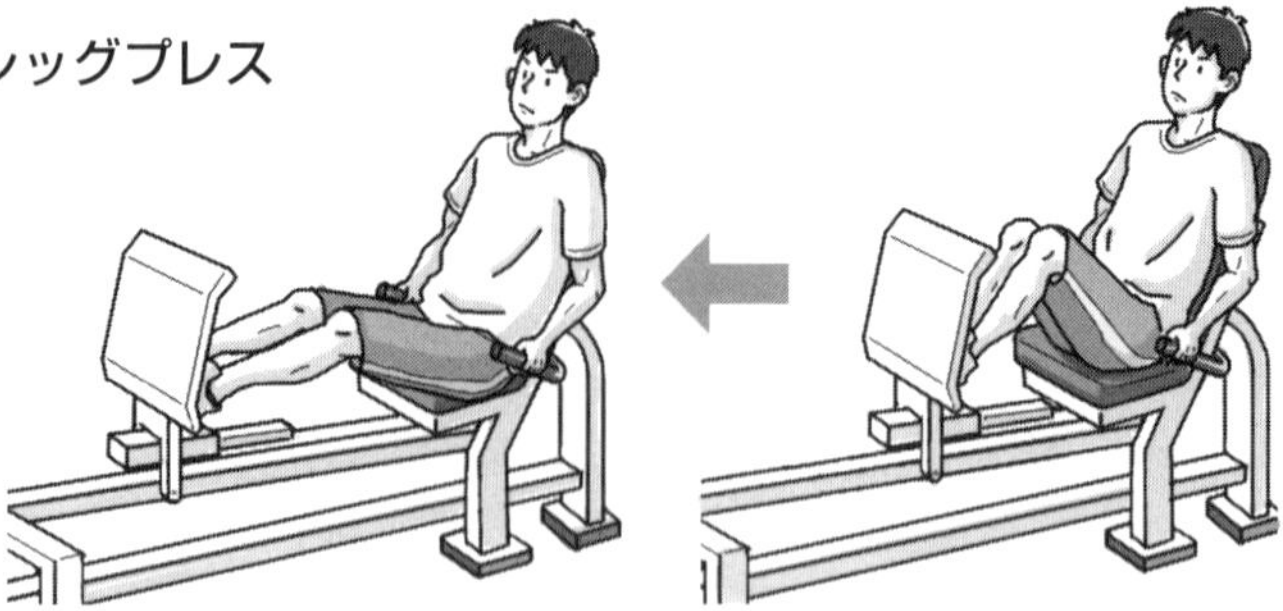

ラット
プルダウン

レッグ
エクステンション

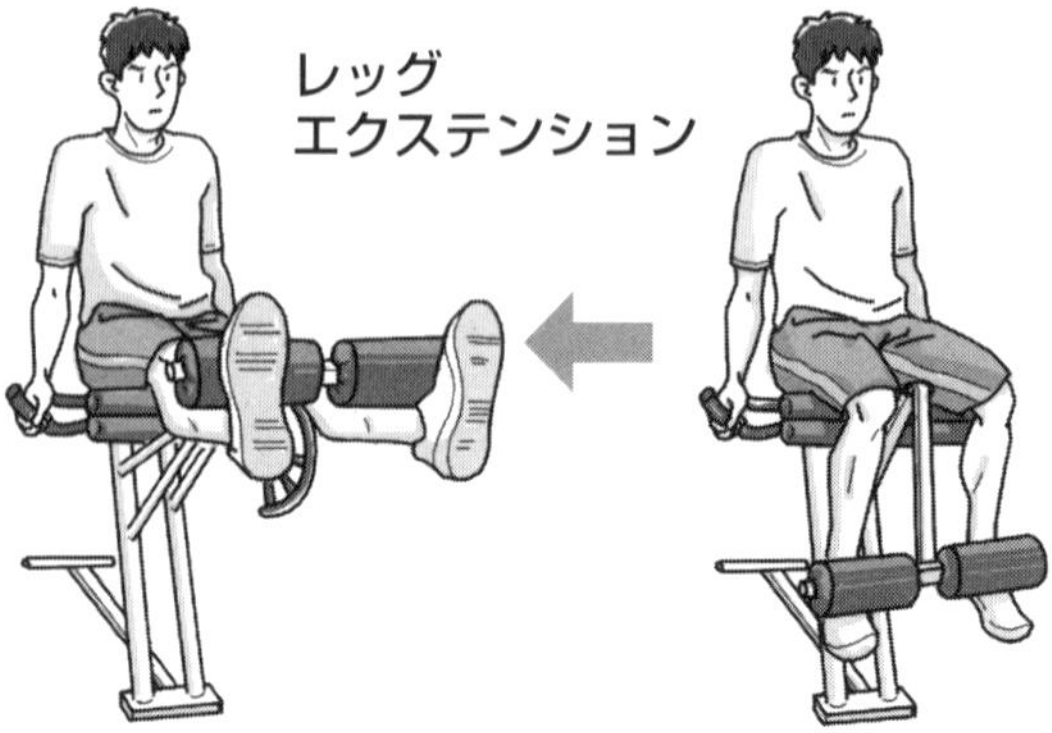

となり、その後48時間をかけてゆっくりと低下していきます。一方、タンパク分解を経時的に調べることはきわめて困難です。しかし、持続的な筋収縮や、筋線維膜の微小な損傷により、カルパインというタンパク分解酵素が活性化されることから、トレーニング刺激がタンパク分解も同時に高めることが類推されます。

実際、Phillipsら（１９９７）は、通常はトレーニング後に正味のタンパク合成量がプラスになるのに対し、空腹状態でトレーニングを行い、その後も栄養補給を行わないと、正味のタンパク合成がマイナスになってしまうと報告しています。

アミノ酸摂取の効果

Rasmussenら（２０００）は、トレーニング1時間後に必須アミノ酸６ｇと炭水化物35ｇを摂取すると、筋のタンパク合成が摂取前に比べて約３・５倍に増大することを示しました。このことはアミノ酸がタンパク合成を刺激する調節因子としてはたらくことを示唆しますが、その機構の詳細は不明です。

前記のEsmarckらの実験でも、与えたタンパク質はほんの10ｇですので、これに含まれる必須アミノ酸のいずれかがタンパク合成を高めたと想像されます。

一方、分岐鎖アミノ酸（branched-chain amino acids　ＢＣＡＡ：必須アミノ酸に含まれる）やグルタミンは、筋タンパク分解反応の主要な生成物となりますので、これらをあらかじめ摂取することで、トレーニング中やトレーニング後のタンパク分解を低減できる可能性もあります。

トレーニング前後の食事管理が重要

私たちのいくつかの研究からも、トレーニング後に経時的にさまざまな反応が起こることがわかってきました。まず、トレーニング後15分をピークとして成長ホルモンの分泌が起こります。続いて、トレーニング後1時間をピークとして、早期**転写因子**※の遺伝子発現が起こります。これは、さまざまな遺伝子にはたらいて、タンパク合成を〝オン〟にするスイッチのようなものです。

おそらくこうした過程を経て、トレーニング後3時間に筋タンパク合成がピークを迎えるのでしょう。アミノ酸の中で、アルギニンとオルニチンは成長ホルモンの分泌を促すはたらきをもつことが知られています。したがって、これらを含む食品を早期に摂取することで、トレーニング後の成長ホルモンの分泌が高まったり、持続したりするかもしれません。

ここに述べたいくつかのトレーニングは、あくまでも実験上のプログラムに基づいています。高齢者の場合を除き、実際のトレーニングでは、量も多く持続時間も長くなるでしょう。そのような場合には、タンパク分解の増大やホルモン分泌はトレーニング中にすでに始まっていると思われます。したがって、トレーニング前とトレーニング後のなるべく早い時間帯に、タンパク質と炭水化物を含む食品を摂取するのがよいでしょう。

クレアチンとスポーツ競技力

メジャーリーグの1998年のシーズンは、マグワイアとソーサの2人が熾《し》烈《れつ》なホームラン王争いを演じました。このホームラン競争、マグワイアがアンドロステンジオン、ソーサがクレアチンを服用している点でも注目されました。アンドロステンジオンはりっぱなタンパク同化ステロイドですが、クレアチンは天然に存在する栄養素で、少なくとも現時点では薬物でなくサプリメントです。アメリカでは当時、爆発的に広まったとされています。

ここでは、このクレアチンのはたらきと効果について考えてみましょう。

クレアチンは〝エネルギーのカード預金〟

クレアチン（$C_4N_3H_4COOH$）は、チッ素を含む有機酸の一種です。その構造がアミノ酸であ

転写因子　DNAの情報をRNAへと写し取ることを「転写」という。転写そのものはタンパク複合体によって行われるが、このタンパク複合体は巨大なため、転写開始点まで一群のタンパク質が必要となる。この一群のタンパク質が一般に「転写因子」といわれている。

るアルギニンに似ていることから、よくアミノ酸と混同されますが、正確にはアミノ基をもたないのでアミノ酸ではありません。ただし、生体内ではアルギニン、グリシン、メチオニンの3種のアミノ酸から合成されます。一方、分解されるときにはアミノ酸のように尿素にはならず、クレアチニンとなって尿中に排出されます。

筋収縮の直接のエネルギー源はアデノシン三リン酸（ＡＴＰ）です。しかし、アデノシン三リン酸は不安定な物質である上、その濃度が激しく増減すると、筋収縮を引き起こすアクチンとミオシンの相互作用の仕方が大きく変化してしまいます。このことから、筋内のアデノシン三リン酸濃度は約４mM（mmol／Ｌ）と比較的低く、しかもめったなことでは変化しないように一定に保たれています。アデノシン三リン酸は「エネルギーの通貨」といわれますが、私たちの日常生活でも多額の現金を懐にもち歩くのは得策ではありません。

しかし、筋収縮をこの濃度のアデノシン三リン酸だけでまかなおうとすると、約1秒しかもちません。そこで活躍するのがクレアチン（Cr）です。安静時の筋には、通常約38mMのクレアチンがあり、このうち約25mMはクレアチンリン酸（ＰCr）になっています。筋収縮によってアデノシン三リン酸が分解され、アデノシン二リン酸（ＡＤＰ）を生じると、クレアチンキナーゼという酵素のはたらきで、クレアチンリン酸とアデノシン二リン酸からすばやくアデノシン三リン酸が再合成されます。すなわち、クレアチンリン酸は使った分だけ現金を即補充できる「カード預金」にたとえることができます。

一方、代謝系（無酸素的解糖系）によって栄養素が分解され、アデノシン三リン酸が合成されると、その一部は筋収縮などに使われ、残りはクレアチンからクレアチンリン酸をつくるのに使われます。したがって、こちらは給料のようなものです。これらのクレアチンリン酸＝クレアチン系と代謝系によって、筋内のアデノシン三リン酸濃度は、安静時も運動中も常にほぼ４mMに保たれています。

筋の「エネルギーチャージ」

アデノシン三リン酸とクレアチンリン酸は〝即使用できる〟エネルギー源です。そこで、アデノシン三リン酸とクレアチンリン酸の総和から得られるエネルギー量を「エネルギーチャージ」と呼びます。このエネルギーチャージだけで筋が最大収縮をすると、約８秒間は持続可能です。しかし、実際の１００ｍ走などでは、最初の約４秒間にもっぱらクレアチンリン酸が使われ、次に代謝系でつくられたアデノシン三リン酸が使われると考えられています。

動物実験では、クレアチンを多量（総食餌量の１％以上）に摂取することによって、筋内のクレアチンリン酸濃度を10％程度高めることができると報告されています。このことはエネルギーチャージを高めることになります。ラットでは、クレアチン摂取によって筋は肥大しませんが、最大収縮張力が増大するようです。

クレアチン摂取とスポーツパフォーマンス

以上の事実は、クレアチンを摂取することによって、30〜40ｍダッシュ、投てき、ジャンプなどのパフォーマンスが向上する可能性を示唆しています。したがって、これらを要素としてもつスポーツ競技では有用と考えられます。また、筋線維のエネルギーチャージが上がると、その筋線維の性質がより〝速筋的〟になるという研究報告もあります。

一方、ボディビルダーの間では、クレアチンが筋を肥大させるという噂もあるようですが、そのような効果はあまり期待できないでしょう。ただし、毎日のトレーニングでの発揮筋力が上がれば、最終的にはトレーニング効果を増強しうるかもしれません。

しかし、ヒトを対象としたクレアチン摂取の効果に関する研究はまだ十分ではありません。動物実験の場合に相当する量を摂取しようとすると、1日10ｇほどになると思われます。私たちの身体に含まれるクレアチンの総量は約100ｇと推定されますので、これは相当な量です。

このように多量のクレアチンを摂取すると、分解産物であるクレアチニンの血漿《けっしょう》中の濃度が増大し、結果的に尿量が増加して腎臓や心臓に負担をかけると思われます。実際、クレアチンを常用していた選手が腎機能障害を起こしたという報告や、心不全で死亡したという報告も出てきています。健康を考えるなら、肉や魚にも十分量含まれていることを認識し、やみくもな摂取はまず避けるべきでしょう。それでも利用したいのなら、摂取量に注意しながら、ピリオダイゼーションの一期間に絞って用い、継続使用しないことが重要と思われます。

クレアチン摂取と効果

ここでは、クレアチン摂取が人体にどのような効果を及ぼすかを説明します。

クレアチン摂取とクレアチンリン酸の増加

前述した通り、アデノシン三リン酸を「エネルギーの通貨」にたとえると、クレアチンからつくられるクレアチンリン酸は「エネルギーのカード預金」にたとえることができます。実際、筋内のアデノシン三リン酸濃度は高くありませんが（～４mM）、クレアチンリン酸の濃度はその約７倍もあって、アデノシン三リン酸が減少するとただちに、クレアチンリン酸＋アデノシン二リン酸→アデノシン三リン酸＋クレアチンの反応が起こり、アデノシン三リン酸が供給されます。

ヒト筋に含まれるクレアチンリン酸の濃度を、核磁気共鳴分光法（ＮＭＲまたはＭＲＳ）という方法を用いて調べると、クレアチン摂取によって、平均で約20％（10～30％）増加することがわかりました。筋内のクレアチン濃度も同程度の増加を示すとされています。

ただし、このレベルはほぼ飽和状態で、摂取量を増やしてもこれ以上に増加することはないようです。

クレアチンリン酸増加と筋能力の変化

クレアチンリン酸が増えることは、「エネルギーのカード預金」が増えることですから、ハイパワーの持続力が増大することは容易に予測できます。通常の濃度のアデノシン三リン酸とクレアチンリン酸で約8秒間の全力運動が可能ですので、クレアチンリン酸量が20％増加すれば、これが約10秒間に延長することになります。

しかしそれだけではありません。少しむずかしい話になりますが、筋が収縮のためにアデノシン三リン酸を分解して獲得するエネルギー（自由エネルギー）の大きさは、アデノシン三リン酸の分解産物であるアデノシン二リン酸の濃度が増えると減少します。クレアチンリン酸濃度が上昇すると、アデノシン二リン酸濃度は下がりますので、若干ではありますが、この自由エネルギーが増大することになります。したがって、単発のパワー発揮も増大するものと予想されます。

クレアチン摂取によるパフォーマンスの増大

ヒトを対象としてこれまでに行われてきたいくつかの実験は、前述の予測とおおむね一致します。

自転車エルゴメータで全力ペダリングを間欠的に繰り返すと、次第にパワーが低下しますが、こうしたパワーの低下がクレアチン摂取によって有意に抑制されたという報告が複数（少なくとも４報）あります。さらに、垂直跳び、等速性筋力、ベンチプレスの最大挙上負荷など、単発のパフォーマンスが増大（5～15％）したという報告もされています。

重要な点は、これらがすべて5～7日という短期間のクレアチン摂取による効果である点です。

この実験では、クレアチンモノハイドレートを1日当たり15～25g、5～7日にわたって摂取しています。筋内クレアチンリン酸濃度は、これで20％ほど上昇し、ほぼ飽和状態に達します。クレアチンとクレアチンリン酸がそれぞれ20％も増加すると、筋線維内の浸透圧が上昇し、外から水が入ってきます。その結果、若干、筋容積が増大します。

しかし、これは真の意味での肥大ではありません。また、あまり水が入ってきてしまうと他のイオンの濃度が低下し、細胞機能が損なわれてしまいますので、クレアチンやクレアチンリン酸の濃度にも当然上限があることになります。

一方、筋内のクレアチンリン酸濃度を長期間上昇させたまま保てば、これが筋タンパクの合成を刺激し、筋肥大を助長する可能性もありますが、この点はまだ確かめられていません。

クレアチン摂取と糖質摂取の複合効果

摂取したクレアチンは、**「担体」**※（**トランスポーター**）によって血中から筋線維内に運ばれます。この担体は、インスリンによって活性化されます。したがって、糖質や炭水化物とクレアチンを組み合わせて摂取すると、クレアチンと**グルコース**※が効率的に筋に取り込まれ、より大きな効果がもたらされると予測されます。そして、確かにその通りになることがStoutら（1999）によって報告されました。したがって、クレアチンを単独で摂取する場合でも、食事直後のように血糖の上がるタイミングをとらえて摂取するのがよいと考えられます。

前項では、腎機能障害が副作用として現れる可能性を指摘しましたが、少なくとも短期間のクレアチン摂取ではそのような危険が少ないことが、Poortmansら（1998）によって報告されました。しかし、長期摂取の副作用については依然として不明です。クレアチンは腎臓や肝臓で1日2gほど合成されます。クレアチンを長期間にわたって多量に摂取すると、こうして自分自身でクレアチンを合成する機能が低下してしまう恐れもあります。

前述の実験のように、クレアチンを5～7日摂取すれば、筋内クレアチンリン酸濃度はほぼ飽和状態になりますので、それ以降の多量摂取は、やみくもに血中クレアチン濃度を上げるだけともいえます。したがって、少なくとも現時点では、多量摂取する期間は1週間くらいにとどめておくのが安全と思われます。長期にわたって効果を持続するための摂取法については、今後さらに研究が進むものと期待されます。

分岐鎖アミノ酸の効果のメカニズム

夏の暑い日に冷たいものを飲もうと自動販売機をのぞくと、最近では必ずといっていいほどアミノ酸飲料が入っています。缶コーヒーを買おうとして、ついアミノ酸飲料のほうに手が伸びてしまうこともよくあります。アミノ酸サプリメントには飲料以外にもさまざまなタイプのものがありますが、市販されているものの多くは、分岐鎖アミノ酸を主要成分としています。

筋疲労を軽減する分岐鎖アミノ酸

私たちの身体を構成するタンパク質は、20種類のアミノ酸が多数つながってできています。この20種類のアミノ酸の中には、アミノ酸分子の骨格をつくる炭素鎖が二股に枝分かれしているものがあり、これを分岐鎖アミノ酸といいます。ロイシン、イソロイシン、バリンの三つが

担体（トランスポーター）　生体にとって「必要なもの」を細胞内に取り込んだり、「不要なもの」を細胞外へ排出したりするタンパク質。
グルコース　脳や身体を動かすエネルギー源で、ブドウ糖のこと。脳にとっては唯一のエネルギー源であり、不足すると脳の活力が低下する。

これに属します。これらはいずれも、体内で合成することができない「必須アミノ酸」であり、栄養素として外部から摂取する必要があります。筋肉を構成するタンパク質（筋タンパク質）にはとくにこの分岐鎖アミノ酸が多く含まれており、総アミノ酸量の約35％を占めるとされています。

私たちの研究グループは、分岐鎖アミノ酸がとくに筋タンパク質に多く含まれていることに着目し、10年余り前に、ある食品メーカーと共同研究を行いました。そのときの仮説は、「筋タンパク質が分解されると、まず分岐鎖アミノ酸が分解産物として生成されるはずであるから、あらかじめ外部から分岐鎖アミノ酸を摂取しておけば、激しい筋運動後の筋の分解が低減されるのではないか」ということでした。実際、筋の微小損傷を引き起こすような高強度のエキセントリックトレーニング後の筋力低下（筋疲労）も、筋力の回復速度も分岐鎖アミノ酸の摂取によって改善されることが実証されました。

この研究が論文になったのは4年前ですが（Sugitaら、２００３）、おそらく現在のブームの火種となったものと思います。さらに最近では、筋運動後の遅発性筋痛（いわゆる筋肉痛）も、分岐鎖アミノ酸の摂取によって緩和されることが示されています（Shimomuraら、２００６）。

軽度の運動でも筋タンパク質は分解される

このような研究は、遅発性筋痛を生じるような激しい筋運動を対象としていますが、筋タンパク質の分解は、こうした激しい運動後に限って起こることではありません。筋の内部では、絶えずタンパク質の分解と合成が起こっていて、とくに運動時や飢餓時など、エネルギー需要が高まったときには分解が亢進《こうしん》します。分岐鎖アミノ酸の分解の第１段階には、ＢＣＫＤＨという酵素がはたらきますが、運動を行うと、この酵素の活性が高まり、分岐鎖アミノ酸の分解が促進されることも明らかになってきています。

Mizunoら（２００６）は最近、低強度の自転車こぎを20分×３セット行ったときの筋タンパク質の分解を測定し、実際に分解亢進が起こること、とくに高齢者ではその程度が著しいことを報告しています。さらに、運動開始10分後に分岐鎖アミノ酸を摂取すると、若齢者、高齢者のいずれのグループでも、筋タンパク質分解が有意に抑制されたということです。

この研究は、ジョギングやウォーキングのような低強度の持久的運動によっても筋タンパク質の分解が高まり、適度なタイミングで分岐鎖アミノ酸を摂取するとそれを抑制することを示している点で重要です。

筋タンパク質の合成を促す分岐鎖アミノ酸

一方、分岐鎖アミノ酸が筋におけるタンパク質合成や糖の代謝を調節するはたらきをもつことも明らかになりつつあります。分岐鎖アミノ酸のうちのロイシンは、遺伝子DNAの情報を写し取ったmRNAから最終的にタンパク質が合成される段階（翻訳過程）にはたらき、タンパク質合成を促進すると考えられています。さらに、ロイシンとイソロイシンはともに、筋によるグルコースの取り込みを促すこともわかってきました。

こうしたことから、分岐鎖アミノ酸はインスリンと同様の作用をもつと考えられるようになってきています。筋タンパク質が分解されたときに生成される分岐鎖アミノ酸が、筋により多くのグルコースを取り込ませることでタンパク質以外のエネルギー源を確保させ、同時に筋タンパク質の合成を促して筋の機能低下を防ぐという「保護機構」が内在していると解釈できるでしょう。

メタボリックシンドロームにも効果?

このように、分岐鎖アミノ酸がインスリン様のはたらきをもつこと、さらにその作用が骨格筋に内在することの2点は、メタボリックシンドロームの改善のためにもきわめて有用であることを示唆しています。

インスリンは、筋のタンパク質合成を高め、多くの器官にはたらいてグルコースの取り込みを促し血糖を下げます。しかし、インスリンは脂肪細胞による糖の取り込みも促進するため、結果的に体脂肪の合成も促してしまいます。

一方、分岐鎖アミノ酸は筋でのみ強い作用を発揮しますので、筋量の増加、体脂肪の減少、血糖の低下にはより好都合といえます。Layman と Walker（２００６）によれば、高タンパク（体重１kg当たり１・５g以上）、低糖質（１日１５０g以下）食が、糖尿病やメタボリックシンドロームを効果的に改善しますが、こうした効果にはおそらく高タンパク食に含まれる分岐鎖アミノ酸が重要な役割を担っていると考えられます。

２　健康のためのダイエット・サプリメント

ビタミンCといえども過ぎたるは……

現在、最も普及しているサプリメントはビタミンC（アスコルビン酸）でしょう。清涼飲料水や菓子類にまで進出しています。これは、ビタミンCが抗酸化能をもち、健康の維持増進に役立つと信じられているためです。ところが、ビタミンCの過剰摂取が、かえって健康を害する要因にもなりうるという報告もあります。

ビタミンCのはたらき

ビタミンCの最も明らかなはたらきは、特定の酵素を助ける「補酵素」としての作用です。とくにコラーゲンというタンパク質を合成するための酵素のはたらきを助けます。

コラーゲンは、腱、骨、皮膚、血管壁やさまざまな内臓器官の支持組織を構成する「**結合組織**」※の主要成分です。ほとんどの動物はブドウ糖からビタミンCをつくることができますが、ヒトはこの能力を失ってしまったため、ビタミンCをまったく摂取しないと、結合組織が弱化し、壊血病などの疾患に陥ります。こうした状態を回避するためには、1日約85㎎のビタミンCを摂取する必要があります。また、ビタミンCは白血球などを活性化し、免疫機能を高めるとも考えられています。

一方、最近では、このような作用よりもむしろ身体の酸化を防ぐ「抗酸化物質」としてのはたらきが注目されています。

活性酸素種の生成と老化・病気

これまで何度か、激しい運動を行うと身体に有害な「活性酸素種」（ROS）が生じることを述べました。活性酸素種には、・O_2^-や・OHなど数種ありますが、これらは、おおむね次のような過程で生成されます。

①免疫反応（炎症）で白血球が生成
②酸素を用いた代謝過程（エアロビック運動など）でミトコンドリアの中に発生
③低酸素環境から高酸素環境に移行する過程で、キサンチンオキシダーゼという酵素のはたらきを介して発生
④放射線や紫外線によって細胞内液が電離して発生

エアロビック運動では②によって、筋の伸張性収縮をともなう激しいトレーニングなどでは①と③によって活性酸素種が発生します。

このような過程で生成された活性酸素は、生体機能に重要なタンパク質や細胞膜の脂質を酸化し、変性させてしまいます。また、遺伝子ＤＮＡを攻撃し、局所的に酸化したり、切断したりします。一般に活性酸素の寿命は短く、1分程度と考えられていますので、これらは過激な、局所的な作用といえます。

一方、活性酸素は中性脂肪を過酸化し、「過酸化脂質」を生成します。過酸化脂質の寿命は長く、体内を循環して、さまざまな器官に悪影響を及ぼします。こうした短期的・長期的作用が、ガン、動脈硬化、心疾患、肝疾患、肺疾患、リューマチ、糖尿病などのさまざまな疾患の

結合組織　動物の身体をつくる組織の分類の一つで、身体を支える、身体の中のさまざまな部分の形を維持する、すき間を埋めるなど、多様なはたらきをする。

要因となるとともに、老化を早めるのではないかと考えられています。

抗酸化物質のはたらき

私たちの身体は、活性酸素の生成に対して〝元で防御する〟機構を備えています。スーパーオキシドディスムターゼ（ＳＯＤ）と呼ばれる酵素です。スーパーオキシドディスムターゼは、ミトコンドリアに多量にあり、活性酸素をすみやかに無害化する反応を促進します。この酵素は加齢にともなって減少しますが、適度な運動によって増加します。

スーパーオキシドディスムターゼで処理しきれない活性酸素に対しては、抗酸化物質がはたらきます。抗酸化物質は、いわば還元剤で、活性酸素によってすみやかに酸化され、生体物質を酸化から守ります。

ビタミンＣや、最近注目されているポリフェノール類などは水溶性で、比較的早期に活性酸素の作用を抑えます。一方、脂溶性のビタミンＥなどは、過酸化脂質の生成を抑えます。実際、ビタミンＣやポリフェノールの摂取は、激しい運動後の筋疲労・炎症や、血中過酸化脂質の増加を防ぐことが明らかになっています。

ビタミンＣには酸化作用もある？

ビタミンＣについてはこのような効果に加え、水溶性ゆえに余剰分は尿中に排出されるとの推測から、過剰摂取することが推奨される傾向にあります。ノーベル賞学者であるポーリング博士もかねてから、1日1g以上（必要量の約20倍）のビタミンCを摂取することをすすめていました。

ところが、Podmoreら（1998）は、ビタミンCがまったく反対の〝酸化作用〟も兼ね備えることを、イギリスの学術雑誌『ネイチャー』に報告しました。彼らは、リンパ球の遺伝子DNAを構成する4種類の塩基（アデニン、グアニン、シトシン、チミン）の酸化状態について調べ、過剰のビタミンC（500mg／日）を摂取すると、**酸化型グアニン**※の量が約50％減少するものの、逆に**酸化型アデニン**※の量が2倍以上に増加することを見出しました。

このことは、ビタミンCが、抗酸化物質であると同時に「酸化物質前駆体」となりうることを示します。おそらく、活性酸素によって一度酸化されたビタミンCが、今度は別の物質を酸化すると考えられます。ビタミンCの免疫機能の増強効果には、こうした作用が微妙に関係しているのかもしれません。

スポーツ活動と同様、ビタミンCの摂取についても、過剰にならないようにすることが、健

酸化型グアニン／酸化型アデニン　DNA中の塩基の一つ。グアニンとアデニンは相補的関係にある。活性酸素などがDNAの塩基に作用すると、酸化され、ヒドロキシグアニン、ヒドロキシアデニンなどになり、これらを酸化型グアニン、酸化型アデニンなどと呼ぶ。

康の維持増進には重要となるでしょう。また、スポーツ選手の最適摂取量などについての今後の研究が望まれます。

ポリフェノールは寿命を延ばすか？

以前、いくつかの新聞に「ワインポリフェノールが細胞の寿命を延ばす」という記事が掲載されました。ポリフェノールというと活性酸素を除去する抗酸化作用で有名ですが、最近の研究から、いくつかのポリフェノールが寿命をコントロールする分子的な仕組みそのものにはたらき、寿命を延ばす可能性があることがわかってきました。

食物摂取量を減らすと寿命が延びる

寿命を延ばす方策については、酵母菌からマウスまで、幅広い生物を対象として多くの研究がなされてきました。その結果、すべての生物に共通して効果のある方策は唯一、食物摂取量（エネルギー摂取量）を減らすことであると結論づけられています。

当初、この効果は、エネルギー代謝の低下により酸素摂取量が減り、そのために活性酸素種によるダメージが軽減されるためであろうと想像されていました。ところが、これが「エネルギー不足」という、ある種のストレスに対する防御反応であり、より過酷な状況で生き延びるための仕組みに基づいているという考え方が強くなってきました。

この仕組みで中心的な役割を果たすのが、以下に述べるＳｉｒという遺伝子と、その遺伝子がつくる「シルツイン」（sirtuin）というタンパク質です（最近では、より原語に忠実に「サーチュイン」と呼ばれる）。

長寿タンパク質と長寿遺伝子

シルツイン（以後Ｓｉｒと略す）は酵母菌からヒトにまで広く存在する、共通性の高い一連のタンパク質群で、酵母菌ではＳｉｒ２、線虫ではＳｉｒ－２・１、ヒトではＳＩＲＴ１と呼ばれます。これらはすべて、デアセチラーゼという酵素としてはたらきます。

酵母菌では、エネルギー不足状態にすると菌の寿命が延びるとともに、このＳｉｒの酵素活性が上昇します。さらに、酵母菌や線虫に遺伝子Ｓｉｒを外から導入し、Ｓｉｒを人為的に多量につくらせるようにすると、いずれも寿命が延びることが報告されています。したがって、Ｓｉｒはまさに「長寿タンパク質」、その遺伝子Ｓｉｒは「長寿遺伝子」ということになります。

Ｓｉｒの細胞内でのはたらきは完全に解明されてはいませんが、遺伝子ＤＮＡのパッキングを密にし、安定化するものと考えられています。

Ｓｉｒの活性調節

エネルギー不足によってＳｉｒの活性が上昇するメカニズムの一つは、有酸素性代謝活性の低下であろうと考えられています。

糖や脂質が有酸素性代謝で分解されるときには、エネルギーの運搬役としてＮＡＤという物質がはたらきます。糖や脂質が分解されるときに、このＮＡＤが還元されてＮＡＤＨとなり、最終的にＮＡＤＨのH^+がアデノシン三リン酸をつくる原動力となります。ＳｉｒはＮＡＤによって強く活性化され、ＮＡＤ／ＮＡＤＨ比が低下するとその活性も低下します。エネルギーが不足すると、ＮＡＤＨ生産が低下し、ＮＡＤが余剰になってきますので、Ｓｉｒが活性化されるのだろうと考えられています。

しかし、ヒトのような高等動物の場合には、代謝低下を引き起こすほどのカロリー制限は、日常的な活力を低下させたり、他のさまざまなストレスを誘発したりするため、かえって健康状態を悪化させる可能性のほうが高いといえるでしょう。そこで、カロリー摂取を抑えなくともＳｉｒを直接活性化する物質を見つけ、これを摂取しようということになります。古来、人間が探し求めてきた「不老長寿」の妙薬ともいえるものです。

Ｓｉｒを活性化するポリフェノール

Howitzら（２００３）は、ある種のポリフェノールに、Ｓｉｒを直接活性化し、エネルギー不足をともなわずに寿命を延ばす効果があることを発見し、『ネイチャー』誌に報告しました。ポリフェノールは植物によってつくられる中間代謝物の総称で、フェノール環（六角形の亀の甲にＯＨがついたもの）がいくつも連なった構造をしています。構造の違いによって、フラボン、カテキン、タンニン、アントシアニジンなど、多種、多数のものがあります。

この中でＳｉｒを強く活性化するのは、フェノール環が2〜3個連なった小さな物質で、とくに「レスベラトロール」（resveratrol）という赤ワインに多く含まれる物質の効果が最大です。酵母菌にこの物質を与えると、通常の栄養条件のもとで、その寿命が70％も延びます。さらにこの物質は、ヒトのＳｉｒ（ＳＩＲＴ１）を強く活性化することも示されました。

赤ワインがヒトの寿命を延ばす可能性が示唆されたといえますが、むずかしいのはその量です。少量のレスベラトロールはＳＩＲＴ１を強く活性化しますが、量が多くなるとその効果はかえって低減してしまいます。すなわち、「飲みすぎは効果がない」ことになります。

運動と寿命の関係

一方、運動と寿命の関係はどうでしょうか？　運動は「エネルギー需要」を増しますので、一過的には「エネルギー不足」の状態と同様にＮＡＤ／ＮＡＤＨ比を上げ、Ｓｉｒを活性化すると考えられます。しかし逆に、激しいエアロビック運動を行うと、トレーニング効果として有酸素性代謝機能が向上しますので、安静時でのＮＡＤ／ＮＡＤＨ比が低下し、Ｓｉｒが不活性化されてしまうかもしれません。このあたりをはっきりすることは今後の研究課題といえるでしょう。

「低インスリンダイエット」の問題点

第3章で、脂肪組織が内分泌器官でもあり、さまざまなホルモンやサイトカインを分泌すること、脂肪細胞が太り、これらが過剰に分泌されると、健康に直接悪影響を及ぼすことなどを述べました。脂肪細胞を太らせる要因として、消化管ホルモンのはたらきが重要であることもわかってきました。

注目される消化管ホルモン

胃や腸は消化器官ですが、内分泌器官としてもはたらき、さまざまなホルモンを分泌します。古くから知られているものに、ガストリンやモチリンなどがあり、胃酸の分泌や腸の蠕動《ぜんどう》運動を促して、消化・吸収を助けます。一方、胃酸の分泌を抑制するホルモンもあり、消化管抑制ポリペプチド（ＧＩＰ）と呼ばれています。

最近、この消化管抑制ポリペプチドが肥満との関係で注目されています。消化管抑制ポリペプチドは、脂肪が膵液《すいえき》リパーゼによって分解され、小腸から吸収されたときに、十二指腸から分泌されます。おそらく、エネルギーの大きな脂質を摂取したという信号となって、消化活動を減速し、余分なエネルギー摂取を抑えるはたらきをしているものと想像されます。

脂肪食が「腹もち」がよいのは、こうした仕組みが一因となっています。また、Batterhamら（２００２）は、同様に栄養が小腸から吸収されたときに、ＰＹＹ３－36というホルモンが分泌されることを示しました。このホルモンは、脳の視床下部にある摂食中枢に直接はたらいて、食欲を抑えると考えられ、痩身薬として期待されています。

消化管抑制ポリペプチドと肥満の関係

このように、消化管抑制ポリペプチドやＰＹＹ３－36は、余剰なエネルギー摂取を避け、肥満を予防する「満腹ホルモン」としてはたらくものと思われます。それでも脂肪が太ってきてしまった場合には、脂肪細胞からレプチンが分泌され、摂食中枢にはたらいて食欲を抑えるという〝念押し機構〟もあります。

ところが、消化管抑制ポリペプチドが逆に肥満を招くこともわかってきています。Miyawakiら（２００２）は、消化管抑制ポリペプチドをつくることのできないマウス（ＧＩＰノックアウトマウス）と、通常のマウスに高脂肪食を与えたところ、通常のマウスでは体脂肪量が倍以上に増えたのに対し、ノックアウトマウスでは、体脂肪量がまったく増えないことを見出しました。

また、レプチンをノックアウトしたマウスは極度の肥満になりますが、レプチンと消化管抑制ポリペプチドをともにノックアウトしたマウスでは、肥満の程度が低いこともわかりました。これらは、長期的な高カロリー食のもとでは、消化管抑制ポリペプチドはむしろ肥満を助長するようにはたらくことを示唆しています。

インスリンと消化管抑制ポリペプチドの相乗作用

こうした消化管抑制ポリペプチドのはたらきは、脂肪細胞に対する効果によるものと考えられます。脂肪細胞は、血液中のグルコースを取り込み、これから中性脂肪を合成して蓄積します。脂肪細胞によるグルコースの取り込みは、インスリンによって刺激されます。したがって、血糖の上昇→インスリンの分泌→脂肪細胞によるグルコースの取り込み→脂肪細胞の肥大、という図式になります。

ところが、Miyawakiら（２００２）の研究から、このインスリンのはたらきが、消化管抑制ポリペプチドによって増強されることがわかりました。すなわち、消化管抑制ポリペプチドは脂肪細胞によるグルコースの取り込みを促進するはたらきがあるということになります。

また、栄養として小腸から吸収された脂肪は、タンパク質とコレステロールでできた〝袋〟に包まれた形で血液中を運ばれてきます（リポタンパクコレステロール）。脂肪細胞は、血中のリポタンパクを細胞表層のリポタンパクリパーゼ（LPL）という酵素でいったん脂肪酸とグリセロールに分解し、これらを吸収してから中性脂肪に再合成して蓄積します。消化管抑制ポリペプチドはこのリポタンパクリパーゼ活性を高めることもわかりました。

低インスリンダイエットの落とし穴

「低インスリンダイエット」が流行しています。この方法は、右記のように脂肪細胞によるグルコースの取り込みはインスリンによって活性化されますので、食後にあまりインスリンが分泌されないようにすれば肥満を防げるという原理に基づいています。膵臓《すいぞう》からのインスリンの分泌は、血中のグルコースによって刺激されます。したがって、同じ炭水化物でも、グルコースに比べて果糖やガラクトースを多く含むものを摂取したほうがよいということになります。

食品を摂取したときに、インスリンの分泌を促す指標として用いられるものが「グリセミック指数」（GI値）で、通常白パン（日本では白飯の場合が多い）を100として表します。グリセミック指数の低い食品にはパスタ、そば、フルーツなどがありますので、これらを食べるのがよいということになります。

これは誤った考えではないのですが、脂肪食の影響をやや軽視しているきらいがあります。

実際、マウスに同じカロリーの通常食と、果糖＋高脂肪食（低ＧＩ値）を与えたところ、後者のほうでより著しい肥満が起こったという報告もあります。これは、インスリンの分泌が低くとも、脂肪食によって消化管抑制ポリペプチドの分泌が高まり、脂肪細胞に対するインスリンの作用を増強してしまうためと考えられます。

低ＧＩ値にばかりこだわるのではなく、やはり脂肪のとりすぎそのものに、まず注意を払う必要があるといえるでしょう。

ローカーボ、それともローファット？
①低糖質ダイエットの効果

これまで長い間、減量のための食事法として、「糖質（炭水化物）を減らすべきか、脂質を減らすべきか」という問題が議論されてきました。とくにここ数年は、「アトキンス・ダイエット」の提唱者であるロバート・アトキンス博士が肥満による心筋梗塞で亡くなったとのニュースが流れたこともあり（肥満が死亡要因ではなく、入院中に肥満してしまったというのが真相らしい）、この問題をめぐる議論が再燃しているようです。

そこで、低糖質ダイエットと低脂質ダイエットについて、それぞれの効果や問題点などについて考えてみましょう。

ダイエットとエネルギー収支

まず、肥満と減量について、エネルギー論的に考えてみます。物理学の基本法則に「エネルギーは形を変えても消滅はしない」（エネルギー保存則）というものがあります。これに則《のっと》れば、体脂肪の蓄積はあくまでもエネルギー摂取がエネルギー消費を上回っていることが原因であり、減量するためにはこの関係を逆にすればよいということになります。

当然、生理学的にもこれは真実です。栄養学の分野でも、まず基本として摂取カロリーと消費カロリーのバランスを正すことが重要とされているはずです。この場合、摂取する食品が糖質（４kcal／g）であろうが脂質（９kcal／g）であろうが、カロリーという数字にすればまったく違いはありません。

一方、総摂取エネルギーよりも栄養素の量的バランスが重要であるとする考えもあり、その代表が「アトキンス・ダイエット」といえます。これは、故ロバート・アトキンス博士が著書『アトキンス博士のダイエット革命』（１９７２）、『アトキンス博士の新ダイエット革命』（１９９９）で紹介した方法です。

その基本戦略は「総エネルギー摂取量を考慮するのではなく、選択的に糖質の摂取を減らす」ことにあるといえるでしょう（基本的比率は、糖質：タンパク質：脂質＝２：３：５）。原理的には、「代謝されやすい糖質を制限し、代謝されにくい脂質を制限しないことが、最終的に脂質代謝を高めることにつながり、体脂肪を減らす」とされています。また、「糖質を摂取することが、余剰の糖質からの体脂肪の合成を助長する」としている点は、「低インスリンダイエット」と一脈通ずるところがあります。

タンパク質のエネルギー獲得効率

アトキンス・ダイエットは、数万を超える臨床経験に基づくものとされていますが、前述のようなエネルギー論的考えに立った批判も多く、議論の的になってきました。ところが、Feinmanら（２００４）は、糖質とタンパク質を比較した場合、タンパク質では摂取したエネルギーのうち、より多くが熱になってしまう、すなわちエネルギー獲得効率が悪いことを示しました。

このことは、同じ総エネルギー摂取量でも、低糖質、高タンパク食のほうが高いダイエット効果をもつことを示唆しています。実際、Mikkelsenら（２００５）は12名の男性を対象に、身体のエネルギー消費量を正確に測る実験を行い、同じカロリー摂取量でも、高タンパクダイエットの場合には、平均約４％エネルギー消費が高くなると報告しています。たかだか４％ですが、１日当たり１００kcal程度に相当しますので、無視できない数字でしょう。

アトキンス・ダイエットは効果があった!!

アトキンス・ダイエットのような低糖質ダイエットが本当に効果的か、という研究も相当数行われてきています。その中で信頼性の高いものとして、Samahaら（2003）、Fosterら（2003）が、最も権威あるアメリカの医学雑誌『ニュー・イングランド・ジャーナル・オブ・メディスン』に報告した研究が挙げられるでしょう。これらの研究では、低糖質、高タンパクダイエットと、同カロリーでの低脂質ダイエットの効果を比べ、前者のほうが6ヵ月で約2倍の体脂肪減量効果があったとしています。しかし、期間を1年間に延長すると、最終的に両者の間に差がなくなることも報告されています。

では、なんらかのデメリットはないのでしょうか。一般に、特定の生理学的効果の高いダイエットやトレーニング法ほど、長所の裏返しとしての短所を必然的にもつといえます。低糖質ダイエットで指摘されている点をいくつか挙げると、「昼間に眠気を誘発しやすい」「痛風のリスクを高める可能性がある」「機嫌が悪くなる」などです。3番目については、糖質の低下が心理的ムードをよくする脳内物質セロトニンの分泌を下げるためと考えられています（とくに女性はセロトニンの分泌が少なく、機嫌を保つのに甘いものが必要のようです）。

一般に、脳は糖質を主要なエネルギー源としていますので、極度の低糖質には注意する必要があるでしょう。しかし、糖質の制限が一定の範囲内であれば、長期的に見て憂慮すべき副作用はないというのがアメリカ生理学会（APS）の見解になっています。

一方、最近になって食品に含まれる「トランス脂質」が健康に重大な影響を及ぼすことがわかってきました。この点については次の項で詳しくお話ししますが、やはり脂質を制限することも重要となるでしょう。これまでの情報から総合的に判断すると、「短期的には低糖質」「長期的には低脂質」がよいと解釈しておくのが妥当と思われます。

ローカーボ、それともローファット？ ②脂肪食の問題点

低糖質ダイエットは、カロリー過剰となるほど脂肪を摂取してもよいというものではありませんが、総エネルギー摂取量のうち約50％が脂肪ですので、相対的には高脂肪ダイエットといえるでしょう。またこのダイエットは、あえて脂肪摂取を控えないことにより、脂質代謝能力を改善するという点に特徴があります。そこで今度は、「脂肪のとり方」に着目してみましょう。

高脂肪食が脂肪細胞に及ぼす効果

前述の通り、脂肪が小腸で消化・吸収されると、十二指腸から消化管抑制ポリペプチドとい

うホルモンが分泌されます。このホルモンは、胃酸の分泌や蠕動運動を抑制し、消化活動を減速して余剰のエネルギー摂取を抑えます。一方、消化管抑制ポリペプチドはさまざまな組織にはたらき、リポタンパクリパーゼという酵素の活性を高めます。この酵素は、血液中の中性脂肪（リポタンパク）を脂肪酸とグリセロールに分解し、細胞が取り込めるようにします。したがって、各組織での脂質代謝を改善する効果をもつといえます。

ところが、脂肪細胞も消化管抑制ポリペプチドの作用によって同様に血中の中性脂肪を吸収し、太ってしまいます。さらに、脂肪細胞による血糖の取り込みも、この消化管抑制ポリペプチドによって促進されるようです。実際、遺伝子操作によってつくった消化管抑制ポリペプチドのないマウスは、高脂肪食でも太らないことが報告されています。

脂肪を制限しないダイエットでは、おそらくこの消化管抑制ポリペプチド活性が徐々に上昇するため、長期的に見るとダイエット効果が低下してくるものと考えられます。

高脂肪食が頭のはたらきを悪くする？

最近、動物実験から、高脂肪食によって頭が悪くなる可能性のあることが示されました。Granholm（２００４）、Morleyら（２００４）はそれぞれラットとマウスに、通常の餌と、カロリーが同じで脂肪の割合の高い餌を与え、迷路学習の効果を比べました。その結果、高脂肪食を与えられた場合、ラットでもマウスでも学習効果が低下しました（記憶力が悪くなった）。そのメカニズムは不明ですが、脳の神経細胞がもっぱら糖をエネルギー源とすることと関連があるかもしれません。さらに、脂肪摂取量そのものより、摂取した脂肪の〝質〟に問題がある可能性もあります。

従来、「動物性脂肪は身体に悪く、植物性脂肪は身体によい」といわれます。事実、動物性脂肪を過剰に摂取すると、血中の中性脂肪が増え、動脈硬化や心筋梗塞の原因となります。中性脂肪には、動脈硬化を促進する「低密度リポタンパク」（ＬＤＬ）と、逆にこれを抑制する「高密度リポタンパク」（ＨＤＬ）があり、動物性脂質が低密度リポタンパクと高密度リポタンパクの両方を増やすのに対して、植物性脂質は高密度リポタンパクをより増やすとされています。

しかし、植物性だからといって安心はできません。元来植物性であった脂質の中にも、「トランス脂質」という脂質を含むものがあり、これがもっぱら低密度リポタンパクを増加させることがわかっています。

シス脂質とトランス脂質

脂肪（脂質）は脂肪酸とグリセロールからできています。脂肪酸には、炭素と炭素の間に「二重結合」という結合がなく、安定した構造をもつ「飽和脂肪酸」と、二重結合があり不安定な構造の「不飽和脂肪酸」があります。飽和脂肪酸をもつ脂質は、全体として分子の鎖がまっすぐで、互いの方向が揃いやすいために、常温では密にパックされやすく固体になります。動物性脂肪は主にこちらです。一方、不飽和脂肪酸をもつ脂質は、分子の鎖が途中で折れ曲がっているために方向が揃わず、常温でも液体です。植物性脂質は主にこちらです。

ところが、人間は植物性脂質の二重結合を自在に飽和結合に変え（還元）、「常温でやや固いマーガリン」にしたり「日もちのよい油」にしたりします。しかし、この加工過程でいったん飽和結合になったものが、前とは違った形で再び二重結合に戻ることがあります。本来の二重結合は、脂肪酸の分子を折り曲げるようにできていて、これを「シス型結合」といいます。これが分子をまっすぐな形に維持するような「トランス型結合」に変わってしまう場合があり、こうしてできた脂質を「トランス脂質」と呼びます。

細胞機能を損なうトランス脂質

トランス脂質は加工の工程で意図せずできてしまう不飽和脂質です。問題は、このような脂質が天然には少ないという点にあります。細胞膜を構成するリン脂質は一般に、1本の飽和脂肪酸の鎖と1本の不飽和脂肪酸（シス型）の鎖をもちます。このおかげで、細胞膜は適度の固さと、液体としての性質（流動性）を併せもつことができます。したがって、シス型の代わりにトランス型の不飽和脂肪酸が入ってくると、膜の流動性が低下し、細胞の機能が損なわれてしまいます。

ガンの原因になるという指摘もあり、欧米ではこのトランス脂質が大きな問題になりつつあります。前述の高脂肪食による学習効果の低下は、餌中のトランス脂質によって神経細胞の機能が低下したことも一因ではないかと考えられます。長期的な高脂肪摂取は控えることと、加工をしていない脂肪の摂取を心がけることが、ダイエットのためにも健康のためにも重要といえるでしょう。

3 運動とダイエットの基本原則

酒と筋力トレーニング

この原稿を書いている今は、桜が満開です。週末にはあちこちで酒宴が催されることでしょう。花と酒なくしては、おそらく人生味気なくなってしまうでしょうし、日ごろトレーニングとダイエットに取り組んでいる諸氏も〝酒は別物〟と決めているかもしれません。

さまざまなスポーツの名選手にも、酒にまつわる逸話がつきものです。私自身はあまり酒をたしなむほうではありませんが、トップビルダーやトップ選手には、〝ザル〟のような酒豪も多いように思います。ここでは、酒とトレーニングの関係について考えてみましょう。

酒は健康によいか？

洋の東西を問わず、酒は太古の昔から文化の必需品となってきました。こうした背景もあり、喫煙が健康の大敵とされているのに対し、飲酒は比較的大目に見られてきた傾向があります。ひとくちに酒といっても、純粋なアルコールに近いものから、薬効のある成分を含む薬用酒までさまざまですが、その共通した特徴は、多かれ少なかれアルコール（エタノール）を含むということです。実験室では、組織や細胞を〝固定〟する、すなわち、形態を保存したまますばやく殺すために70％アルコールをよく用います。このように、アルコールには強い細胞毒性がありますので、飲酒などにより低濃度のアルコールが体内を循環すると、神経系などに急性の変化をもたらし、また解毒中枢である肝臓に慢性の変化をもたらすことになります。

一方、適度の飲酒であれば、逆に健康によいとする報告もあります。Liacら（２０００）は、アメリカ人男女（40歳以上、約4万人）を6年間追跡調査し、1日1回飲酒する人のほうが、飲酒しない人に比べて死亡率が低かったと報告しています。その理由については不明ですが、少量のアルコールが、血小板の機能や**フィブリノーゲン**※の生成などを低下させて血栓がで

フィブリノーゲン　血液を凝固させるもとになる物質で、血漿《けっしょう》中に含まれている。繊維素（フィブリン）原ともいう。

きにくくなることにより、動脈硬化のリスクを低減するためと考えられています。
また、フランスではワインの摂取量と虚血性心疾患による死亡率が負の相関を示します。これは、「フレンチパラドックス」として知られ、赤ワインに含まれるポリフェノールが強い抗酸化作用をもつためと解釈されています。

大酒は即座に筋を破壊する

これはあくまでも少量のアルコールの話ですので、安心はできません。実は、古くから痛飲がたちまち筋を破壊することが知られていて、「急性アルコール筋症（ミオパチー）」と呼ばれています。

この場合、筋力低下とともに、筋痛、血中へのミオグロビンの溶出、筋線維（特に速筋線維）の部分的壊死《えし》などが起こると報告されています（Langら、２００１）。

飲酒にまだ慣れていない若いころ、痛飲後に著しく筋力が低下したという経験をおもちの方も多いかもしれません。心筋でも同様のことが起こるとされています。激しいトレーニングによっても筋線維の微小な損傷が一時的に起こり、この場合には、修復機構の活性化によって筋がさらに強化されると考えられます。しかし、アルコールによる筋症の場合には、筋のタンパク合成自体が著しく低下してしまうため、トレーニングと同様の効果（超回復効果）は期待できません。

毎日の酒も筋を破壊する

酒を長期にわたって常飲した場合はどうでしょうか。この場合には、次第に筋力が低下し、筋が萎縮するという症状が現れることが知られていて、「慢性アルコール筋症」と呼ぶことができます。筋力の低下は、それまでの総アルコール摂取量にぴったり比例するようです(Kiesslingら、1975)。

実際、アルコール中毒患者はやせていて、筋力がきわめて低いのが一般的です。この場合、1回の飲酒による筋ダメージというよりは、成長ホルモンやインスリン様成長因子-1（IGF-1）の分泌低下が主要因となると考えられています。Langら（2001）は、ラットにアルコールを含む餌を16週間与え続けたところ、血中インスリン様成長因子濃度と骨格筋のタンパク合成量がともに約40%低下したと報告しています。

アルコールの代謝と適量

摂取したアルコールは、肝臓でアルコール脱水素酵素によって酢酸とアセトアルデヒドに代謝されます。前記の急性および慢性の筋症は、これらの代謝物が原因ではなく、アルコールそのものが原因であることが確かめられています。アルコール脱水素酵素の活性は遺伝の影響を受けていて、日本人は欧米人に比べ低活性型が圧倒的に多く、そのために酒に弱い人が多いとされています。したがって、やはり「酒に強くない」と自認する人ほど要注意といえます。

急性、慢性の筋症ともに、アルコールの摂取量を減らせば回復に向かいます。それでは、毎日楽しんでも筋に悪影響を与えず、健康にもよい適量はどのくらいでしょうか。欧米の研究では、１日当たりエタノール60g相当とされ、ビールでは１日約１・２L（大瓶２本）、ウイスキーでは約１５０ml（ボトル５分の１）くらいでしょう。ただし、これは〝弱くない人〟のための基準で、日本人では一般にこの半分程度とされています。左党には少々悲しい数字かもしれませんが、サプリメントに払う注意を、ほんの少し酒にも払ってみてはいかがでしょうか。

ダイエットの基本原理を見直そう

２００７年の初め、テレビ番組「発掘！あるある大事典Ⅱ」のデータ捏造《ねつぞう》問題が波紋を引き起こしました。私自身も5年ほど前にこの番組に何度か関係したことがありますが、その当時の制作スタッフはなかなか熱心で、予測したデータが出ないときなどはシナリオを一から練り直してもらった記憶があります。

しかし、現在のように健康や美容にまつわる種々雑多な情報が氾濫してくると、運動のようなオーソドックスな方法では、もはや魅力に乏しいのかもしれません。ここでは、ダイエットに関する誤った情報に振り回されないための基本原理について、改めてまとめてみました。

エネルギーは消滅しない

基本的な物理法則の一つに「エネルギー保存則」があります。体脂肪は約７kcal／g（純粋な脂肪は約９kcal／g）のエネルギーをもっていますが、このエネルギーが消滅すること、すなわち「脂肪が消滅する」ことはありえません。したがって、体脂肪を減量するためには、食事によるエネルギー摂取を減らすか、運動によるエネルギー消費を増やすかして、総エネルギー収支を赤字にすることが絶対条件になります。

こうしたエネルギー収支のコントロールなしに、「これを食せばやせられる」という食品やサプリメントはありません。また、体脂肪から遊離した脂肪がそのまま便や尿として排出されることもありません。

体脂肪の代謝には、中性脂肪が脂肪酸とグリセロールに分解されるステップと、脂肪酸とグリセロールの代謝（いわゆる燃焼）という二つのステップがあります。中性脂肪の分解には、いくつかのタイプのリパーゼという酵素がはたらきます。脂肪細胞では、「ホルモン感受性リパーゼ」がはたらき、この酵素はアドレナリン、プロスタグランジン、成長ホルモン、インターロイキン‐６（ＩＬ‐６）などで活性化されます。

体脂肪を減らすには、まずこのステップを活性化する必要があります。しかし、分解された脂肪酸やグリセロールを次のステップで二酸化炭素と水にまで分解し（燃焼）、エネルギー源として利用しなければ、最終的に脂肪を減らすことにはつながりません。

◉脂肪の代謝を完結する戦略①有酸素運動

脂肪細胞から血中に遊離された脂肪酸とグリセロールは、骨格筋、心筋、褐色脂肪細胞などで代謝され、エネルギー源になります。この過程は、有酸素性代謝系でのみ行われます。したがって、脂肪の代謝を完結するためには、エアロビック運動を行うか、体熱生産を高めるかのいずれかが必要になります。

しかし、運動そのものによるエネルギー消費は、残念ながらさほど大きくはありません。たとえば、30〜45分ほどウォーキングをした場合には、100〜150kcalのエネルギー消費になります。このうち、約半分が脂肪によって供給されますので、7〜10gくらいの脂肪が減ることになります。すなわち、毎日ウォーキングしても、1ヵ月で減る脂肪はたかだか210〜300gと考えられます。

◉脂肪の代謝を完結する戦略②筋量増加

もう一つの戦略は、日常生活でのエネルギー消費を高めることです。これには筋量を増やすことが効果的です。骨格筋は、体温維持に重要な役割を果たしていて、体熱生産の約60％、基礎代謝の約40％を担っています。したがって、筋量を増すことは安静時代謝や基礎代謝の増加につながります。

いくつかの研究から、トレーニングによって筋量が1kg増えると、安静時代謝が50〜100

kcal／日増えるとされています。これは、何もしなくても30分ほどのウォーキングを行ったことに相当します。このようなことから、レジスタンストレーニングとエアロビック運動を上手に併用することが大事といえます。逆に、下手なダイエットを行うことで筋量を落としてしまうと、一時的に体重は減っても、かえって太りやすい体質をつくってしまうことになります。

食事とサプリメントの効果

以上の基本戦略に加え、必要に応じて食事によるカロリー制限を300kcal／日ほど行えば、1ヵ月に2kg程度の脂肪を減量することも可能になります。これがダイエットの「ゴールドスタンダード」と考えてよいでしょう。「1～2週間で楽々減量」は理論的にありえません。

一方、脂肪の減量の助けになる栄養素やサプリメントも確かに存在します。有酸素性代謝に必要なビタミンB類や、細胞内での脂質の輸送を助けるカルニチンなどがその代表でしょう。また、分岐鎖アミノ酸を含む混合アミノ酸は、運動時の筋タンパク質の分解を抑制することが確かめられており、結果的にエネルギー供給における脂質への依存度を（わずかに）高めると考えられます。筋量の増加にもプラスの効果があることがわかっていますので、安静時代謝を高める助けにもなるでしょう。

しかし、重要な点は、あくまでも運動とこれらを併用することで、長期的に見て体脂肪を減らしたり、太りにくい体質をつくったりする効果があるということです。この点をしっかり理解しておけば、ダイエットにまつわる怪しげな情報に振り回されずにすむと思われます。

第6章

素質・体質を科学する

1 筋肉がつきやすい体質

「生まれつき」とあきらめないで

長いことトレーニングを指導していると、人の身体にいろいろなタイプがあることを痛感します。油断をするとすぐに太ってしまう人もいれば、逆にやせてしまう人もいます。十分なトレーニングを行っているのに、いつまでも〝ポッチャリとした〟身体の人もいれば、筋肉も脂肪もなかなかつかない人もいます。

このような現象を説明するのに、「体質」という便利な言葉があります。体質は、特定の目的のもとでは、「素質」の大きな要素となります。体質や素質には、直観的にわかりやすい反面、漠然とした概念であるために、科学的に扱うことがきわめてむずかしいという特質があります。また、これらがあまりに具体化されてしまうと、「事を成就するには素質より努力」といった教育的理想をゆるがすことになるかもしれません。

しかし、近年の生命科学は、体質の問題にも着実にメスを入れつつあります。そこで、この章ではスポーツにおける体質や素質の問題を、主に遺伝子の観点から考えてみます。

筋のトレーナビリティーと遺伝

同じようなトレーニングをしていても、みるみる筋肉がついたり、筋力が伸びたりする人（トレーナビリティーの高い人）と、そうでない人がいることは、認めざるをえません。それでは、筋力や筋肥大に関するトレーナビリティーを決めている物質はなんでしょうか。

実験に用いられるマウスやラットには、多くの場合「家系」があります。遺伝的に均一な「純系」やそれに近い近縁の系統が、近親交配を繰り返してたくさんつくられています。こうしたさまざまな系統のラットにトレーニングを施すと、筋が肥大しやすい系統としにくい系統があるらしいことが次第にわかってきました。このことは、筋肥大のトレーナビリティーが、遺伝子に支配されている可能性を示しています。

この遺伝子の解明はやっと始まったばかりですが、近い将来、その実体が明らかにされるでしょう。さらにこの遺伝子がつくるタンパク質がわかれば、「究極の筋肉増強剤」となって世に送り出されるかもしれません。

筋力・筋肥大と筋の組成

右記の場合と比べると間接的ですが、筋のトレーナビリティーと遺伝を関連づける研究は昔から行われています。その一つが、筋の組成にかかわるものです。すでに何度かお話ししましたが、私たちの筋肉はさまざまなタイプの筋線維からできています。これらをやや強引に分類すると、タイプⅠ、Ⅱa、Ⅱbの3種類に分けられます。

タイプⅠは持久性に優れるものの、力がきわめて弱く、収縮速度も遅いため遅筋線維（ＳＴ）と呼ばれます。これに対し、タイプⅡａとⅡｂはそのまったく逆で、速筋線維（ＦＴ）と呼ばれますが、タイプⅡａはタイプⅠとⅡｂの中間的な性質をもち、ややオールラウンド的な性格（したがってスポーツにも重要）のものと考えられています。トレーニングによって著しく肥大するのは速筋線維です。

大腿四頭筋の中の外側広筋を例にとると、うまくできたもので、平均的な人では50％が遅筋線維で50％が速筋線維となっています。また、速筋線維の割合が高いほど、断面積あたりの筋力が大きいことも確かめられています。

筋の中に含まれる遅筋線維と速筋線維の数の比が、まず遺伝によって決まることは間違いありません。Komiら（１９７６）の研究によって、一卵性双生児（すなわち遺伝子が同じ）では、それぞれの子の筋に含まれる遅筋線維の割合がまったく同じなのに、二卵性双生児ではそうならないことが示されているからです。こうしたことから、筋力や筋肥大のトレーナビリティーは、まず第一に、もって生まれた遺伝子によって支配されてしまうと想像されます。

トレーニングと筋の組成

筋組成を遺伝子が決めるといっても、努力でこれを変えられなければあまりに夢がありません。スポーツ選手の筋組成について、マラソンをはじめとする持久的競技の選手では遅筋線維の割合がきわめて高く、逆にスプリント的競技の選手では速筋線維の割合がやや高いことが報告されています。これが遺伝に基づく淘汰の結果（遺伝的に優れていたから、結果的に選手として続いている）なのか、長年の努力で筋組成を変えた結果なのかは不明です。

しかし、これまでの数多くの研究結果を総合すると、持久的トレーニングによって速筋線維が遅筋線維へと変化することは間違いないようです。したがって、持久的競技の選手は遺伝的素質にとらわれず、トレーニングによってつくることが可能といえるでしょう。

一方、筋力トレーニングによって遅筋線維を速筋線維に変えられるかについては、「変えられる」とする説と「変えられない」とする説が半々で、決着がついていません。スプリント系競技やボディビルでは、トレーニングだけではどうしようもない部分が少なからずあるのかもしれません。しかし、夢を捨ててはいけません。動物実験では多くの場合、筋力トレーニングによってタイプⅡａの割合が増えるのです。

生まれつきの筋量を決める（？）遺伝子

私たちは、それとなく経験的に、トレーニングによって筋肉のつきやすい人と、そうでない人がいることを知っています。筋肉がつきにくかったり、筋力が増えにくかったりする人を「ハードゲイナー」と呼んだりもします。１９９０年代の研究で、「生来の筋肉のサイズを決める可能性のある遺伝子」が発見されましたので、これをもとに「筋肉がつきやすい素質」について考えてみましょう。

20年前の巨大マウス

1985年、アメリカの学術雑誌『サイエンス』の表紙を、「ギガンティック・マウス」と称して、普通のマウスより全体的に2倍ほど大きなマウスの写真が飾りました。これは、Palmiterらがつくった、ごく初期の「遺伝子組み換えマウス」で、マウスの遺伝子の中に、特殊な成長ホルモンの遺伝子を組み込んだものでした。

この成長ホルモンの遺伝子は、本来マウスがもっている成長ホルモンの遺伝子と違い、ある種の金属イオンを与えることで、そのスイッチが「オン」になるようにつくりかえたものです。このマウスを常に微量の金属イオンを与えながら飼育すると、体内で成長ホルモンがつくられ続けますので、巨大なマウスができることになります。いわば「遺伝子ドーピング」のようなもので、実験技術面でのインパクトは大変大きなものでした。

成長因子とは

その後の10年ほどの間に、筋肉の成長を促すのは成長ホルモンそのものよりも、成長因子と呼ばれるものであると考えられるようになりました。成長因子には多種ありますが、成長ホルモンと同様、ペプチド（非常に小さなタンパク質のようなもの）でできています。たとえば、ＩＧＦ‐１（インスリン様成長因子‐１）という成長因子は、肝臓が成長ホルモンの刺激を受けて分泌し、筋や骨に作用します。その他にも、おそらくトレーニング刺激などによって筋肉が分泌し、自分自身に作用させるような（自己分泌型）成長因子も、数多くあります。

このような成長因子の中に、ＴＧＦ‐βと呼ばれる一群の因子があります。この成長因子に関連したショッキングなレポートが、McPherronらによってイギリスの学術雑誌『ネイチャー』に発表されました（１９９７年5月1日号）。ＴＧＦ‐βの一員で「ＧＤＦ‐８」と呼ばれる因子をつくる遺伝子を壊し、機能しなくさせた遺伝子組み換えマウス（ノックアウトマウス）をつくると、全身の筋肉が異常に発達したのです。普通のマウスと同じように飼育して、筋量が約2倍にもなります。写真を見ると、まるでドリアン・イエーツ（当時圧倒的な筋肉量を誇ったボディビルダー）のマウス版です。

この因子は「成長因子」に属してはいますが、その機能は成長とは逆で、筋の成長を抑制していることになります。興味深いことに、この因子の現れる量が、それぞれの筋によって微妙に違っていて、全身の筋肉のバランスを決めているように見えることです。また、この遺伝子の組み換え技術は、ウシやヒツジにも応用可能ですので、畜産などの分野には大きな影響を与えていることでしょう。

ヒトにも同じ遺伝子がありますので、同じ技術を使って「スーパーマン」（たとえばドリアン・イエーツのさらに2倍の筋量を想像してみてください）をつくることも可能でしょうが、そのようなことはもちろん許されません。

「素質」との関連性

ノックアウトマウスで筋量が多い要因は、実は筋線維の数自体が80％ほど多いためです。筋線維の太さが2倍も太いわけではありません。したがって、マウスが成長する過程で、GDF－8の遺伝子が生来の筋の量を決めている可能性があります。

遺伝的にこの遺伝子のはたらきに差があれば、当然、生まれもつ筋の量に差が出ることになります。そして、この遺伝子のはたらきが比較的低い個体は、生来多めの筋をもち、トレーニングをすれば、（筋線維数が多いので）より筋が肥大することになるでしょう。また、別の遺伝子を指標にした私たちの研究でも、筋力トレーニングに対する筋の反応性には、遺伝による差が見出されました。

GDF－8の化学構造をよく見てみると、その活性が酸素環境に強い影響を受けるものと想像されます。先に紹介した加圧トレーニングのメカニズムもこのあたりにあるのかもしれません。

いずれにしても、これまで私たちが「素質」として漠然と認識していたことに、最先端の科学的メスが入りつつあるといえます。これが〝夢を壊す〟一面をもつことは否めません。しかし、こうしたことを認識した上で、さらに遺伝的に不利な部分を克服する科学的方法を探るのが、科学の正道であるともいえるでしょう。

筋萎縮の遺伝子治療への期待と不安

私がまだ学生のころ、「トレーニング直後に筋の中で生成される物質と同じものを、筋に注射しただけで筋肥大が起こらないものか？」とよく考えたものです。それから20年ほどの間、このようなことは夢物語でした。しかし、これとほぼ同様のことが、加齢にともなう筋萎縮や筋ジストロフィーの遺伝子治療のための〝最終兵器〟として、にわかに現実味を帯びてきました。

筋肥大を促す因子：インスリン様成長因子-1

前述のように、筋量を決める決定的な要因に、ＧＤＦ-8という成長因子があります。この成長因子の遺伝子を壊した動物をつくると、筋が著しく肥大し、マウスではその筋量が通常の2～3倍にもなります。すなわちＧＤＦ-8は筋の発達を抑制している因子ということになります。本来の役割として、筋の過剰成長を抑制し、筋のサイズを一定に保つのであろうということから、ＧＤＦ-8は「ミオスタチン」または「マイオスタチン」と呼ばれるようになりました。「ミオ―」または「マイオ―」とは「筋の―」という意味で、「スタチン」は「サイズを一定に保つタンパク質」という意味です。

一方、筋肥大を促進する可能性のある因子もいくつかあり、その代表がインスリン様成長因子－1（IGF－1）です。この因子は、トレーニングによる機械的刺激や、成長ホルモンの作用によって筋線維から分泌され、筋線維自身にはたらいてタンパク合成を促す（自己分泌）と考えられています。したがって、最終的な筋量はインスリン様成長因子－1とミオスタチンのバランスで決まるとも考えられますが、インスリン様成長因子－1の役割がどれほど大きいかについては、これまでよくわかっていませんでした。

インスリン様成長因子－1遺伝子を筋に注入する

ところが、1998年の末、Barton-Davisらが、このインスリン様成長因子－1に関する戦慄的な実験結果を公表しました。彼らは、マウスのインスリン様成長因子－1遺伝子をアデノウイルスという「ウイルスベクター」（遺伝子の運び屋）を用いてウイルスの遺伝子に組み込み、このウイルスの懸濁《けんだく》液をマウスの下腿筋に注射しました。

すると6ヵ月齢のマウスにたった1回注射しただけで、その4ヵ月後には長指伸筋の筋断面積と筋力が、生理食塩水を注射したもの（対照とする反対側の下腿筋）に比べ、約15％増大したのです。さらに、23ヵ月齢という老齢マウスに同様の注射をすると、やはりその4ヵ月後には筋断面積と筋力がいずれも約15％増大し、通常の6ヵ月齢のマウスの場合とほぼ同様の筋断面積と筋力をもつようになりました。これをヒトの場合に当てはめると、「70歳の老人の筋に1回注射をすれば、20歳台の筋に回復する」というようなことになるでしょう。

ウイルスを媒体として、多数の細胞に一様に遺伝子を注入するという手法は、遺伝子治療の基本戦略になりつつあるものです。筋に注射された多数のアデノウイルスは、筋線維に感染し、筋線維の中に入り込みます。ウイルスの増殖能は弱く、筋線維を壊すことはありませんが、筋線維に注入されたウイルスの遺伝子は、ウイルス自身のタンパク質を筋線維につくらせ続けます。したがって、インスリン様成長因子‐1遺伝子を組み込んだウイルスにひとたび感染した筋線維は、いつまでもインスリン様成長因子‐1をつくり続け、こうして過剰につくられたインスリン様成長因子‐1が筋肥大を引き起こすものと考えられます。

Barton-Davisらはさらに、ウイルスを注射したマウスの循環血中のインスリン様成長因子‐1濃度を測り、筋内でつくられたインスリン様成長因子‐1は筋中にとどまっていて、ほとんど循環血中に出てこないことを示しました。なぜインスリン様成長因子‐1が筋の中にトラップされる（閉じ込められる）のかはよくわかりませんが、このような局所的なインスリン様成長因子‐1生成が体循環に現れないことが、これまでインスリン様成長因子‐1の作用がやや過小評価されてきた一因と考えられます。

いずれにしても、この実験結果は、「1回注射をするだけで、目的とする筋のみを肥大させることができ、全身的な副作用は現れない」ことを示唆します。ボディビルダーにはよだれが出るような話です。

スポーツへの悪用の危険性

このような実験は、老化にともなう筋萎縮の治療を考える上で重要です。インスリン様成長因子‐1は、骨形成にも関係していると考えられますので、骨粗しょう症の治療にも応用できるかもしれません。また、全身のインスリン様成長因子‐1量の低下が老化を引き起こすという考えもあり、たとえば20歳のときに全身の細胞にこの遺伝子を注入すれば、外見上まったく年を取らずにすむかもしれません。もちろんこのようなことは倫理的に問題です。

ここまではいかなくとも、「スポーツへの悪用」についてはBarton-Davisらも論文中で危惧しています。「1度注射をするだけで、あとは何もしなくても筋が太く、強くなる」と聞けば、おそらく多くのアスリートやビルダーの目の色が変わるでしょう。しかも、この不正を検出するには、筋組織のDNA分析しか手だてはないものと思われます。10年後に「遺伝子ドーピング」（注）などという言葉が出現することのないように、今後十分な配慮が望まれます。

ポジティブな面を考えてみましょう。インスリン様成長因子‐1が、トレーニングによる筋肥大にかかわる（少なくとも一つの）重要な因子となる可能性が強まりました。今後、研究面では、局所的なインスリン様成長因子‐1生成を高めたり、ミオスタチン生成を抑制したりするようなトレーニングが、効果的なトレーニング法の一つの指標となるでしょう。こうした展開によって、21世紀にふさわしい革新的なトレーニング法が生まれることを期待しています。

（注）悪いことに、この予想は的中してしまいました。現在（２００７年）では「遺伝子ドーピング」は世界アンチ・ドーピング機構（ＷＡＤＡ）が定める「禁止物質・方法」の一つになっています。

増大するドーピングの危機

ここまで、私たちの筋量をコントロールしていると考えられる遺伝子のお話をしてきました。このような遺伝子のはたらきを解明することは、筋肉のつきやすさという素質のメカニズムを知るためばかりでなく、より効果的なトレーニング方法や、さまざまな筋疾患の治療法を開発する上でも有用です。とくに、「ミオスタチン」（マイオスタチン）と呼ばれる成長因子の遺伝子についての研究が進み、新たな展開が見えてきました。同時に、インターネットなどで「ミオスタチンブロッカー」という怪しげなものまで販売されているという噂も耳にします。

筋量をコントロールするメカニズム

トレーニングによって筋が肥大・成長するメカニズムはまだ完全には解明されていません

が、力学的ストレス、ホルモン、成長因子などのさまざまな要因がこれにかかわっていると考えられます。成長因子とは、内分泌腺以外のさまざまな細胞が分泌し、局所的にはたらいて細胞や組織の成長や分化を調節するホルモン様物質です。このうち、インスリン様成長因子－1（IGF－1）が、トレーニングによる筋肥大という観点では最もよく研究されています。

インスリン様成長因子－1にもいくつかのタイプがありますが、そのうちの一つは筋線維そのものから分泌され、筋線維自身や周囲の細胞に作用して筋肥大を促します。前述したように、「ウイルスベクター」を利用してこのインスリン様成長因子－1遺伝子をマウスの筋に導入すると、とくに運動しなくても筋が肥大することがわかっています。

一方、ミオスタチンは、筋で常につくられていて、その成長を強く抑制している成長因子です。前述の通り、たとえばミオスタチンの遺伝子を破壊したマウス（ノックアウトマウス）では、筋量が通常のマウスに比べて2～3倍にもなります。Guernecら（2003）は、「インスリン様成長因子－1：ミオスタチン」の発現比の上昇が筋の肥大や成長にとって重要であると報告しています。

当初、ミオスタチンは発生段階での筋の成長にのみ関与し、胎児期に筋線維が過剰に増殖するのを抑えていると考えられていました。しかし、私たちの研究（Kawada, Tachi, Ishii 2002）をはじめいくつかの研究が、過負荷によって成体の筋が肥大するときに、ミオスタチンの発現が低下することを見出しました。したがって、トレーニングなどによって筋が肥大するときには、筋でのミオスタチンの発現が低下し、同時にインスリン様成長因子-1の発現が上昇するものと考えられます。

これらの研究はマウスやラットを用いたものですが、最近、Rothら（2003）はヒトの筋から採取したサンプルについて調べ、高強度のレジスタンストレーニングによって肥大した筋で確かにミオスタチンの発現が低下していることを示しました。

抗ミオスタチン抗体の驚異的効果

一方、ミオスタチンの作用を人為的にブロックする研究も行われてきました。その中で最近、特筆すべき研究が2件報告されています。一つはBogdanovichら（2002）が『ネイチャー』誌に報告したもの、他方はWhittemoreら（2003）の報告です。

いずれも、ミオスタチンに対するモノクローナル抗体（特定のアミノ酸配列のみを認識して結合する、特異性の高い抗体）をマウスに注射（体重1kg当たり60mgを1回／週）し、筋の変化を調べたものです。生体内でつくられるミオスタチンに抗体が結合すれば、その作用が抑えられ、筋が肥大することが期待されます。

Bogdanovichらは筋ジストロフィーマウス（mdx）に3ヵ月間この抗体を注射し、①体重の増加（約30％）②エネルギー消費の増加（約30％）③筋重量の増加（約30％）④筋線維断面積の増加（約33％）⑤筋力の増加（約33％）⑥筋損傷の低減などを認めました。

Whittemoreらは同様の操作を通常のマウスに施し、やはり同様の効果を認めています。彼らは注射をする時期と期間についても調べており、完全に成長が止まった週齢のマウスでも筋肥大が起こること、2週間（つまりたった2回の注射）でも約10％の筋量増加が起こることを報告しています。

期待される臨床応用と増大するドーピングの危機

これらの研究で示された抗ミオスタチン抗体の効果は驚異的ともいえますが、加えてその効果は筋に限定されていて、他の臓器への副作用はまったく見られないとのことです。こうしたことから、筋ジストロフィーをはじめとした筋萎縮性疾患や老化による筋機能低下の治療への応用が期待されています。遺伝子組み換えによってヒトの抗ミオスタチン抗体を量産する方法や、体内の免疫細胞に抗ミオスタチン抗体を生産する遺伝子を直接導入する方法の開発がすでに始まっているかもしれません。

しかし、臨床面での有用性が期待されるほどに、ドーピングに悪用される危険性も高まるといえるでしょう。一方、研究での最前線から見れば、本物の「ミオスタチンブロッカー」が現時点で存在し、まして一般に出回る可能性は皆無に近いといえます。

筋肉がつく人、つかない人

２００４年６月24日の朝日新聞に、「筋肉量が2倍の赤ちゃん発見」という記事が掲載されました。この記事は、同24日の電子版『ニュー・イングランド・ジャーナル・オブ・メディスン』に発表されたSchuelkeらの報告に基づくものです。

ドイツで発見されたこの赤ちゃん（男子）は、誕生時から顕著に筋量が多く、生後６日の時点で、大腿部の筋断面積が平均値に比べて2倍以上ありました。生後７ヵ月の写真を見ると、大腿四頭筋、腓《ひ》腹筋《ふくきん》、殿筋《でんきん》など、ちょっとしたボディビルダーのようです。４歳半の時点では、両手にそれぞれ３kgのダンベルをもって立ち上がれるそうです。

原因はミオスタチンの変異

この赤ちゃんの遺伝子を調べたところ、ミオスタチン（マイオスタチン）という成長因子の遺伝子に変異があることがわかりました。ミオスタチンは、これまでお話ししてきた通り、筋の成長を強く抑制する成長因子です。その遺伝子に変異が起こり、正常なミオスタチンがつくられなくなると、筋量がウシでは約30％増しに、マウスでは2～3倍になることがわかっています。また、ミオスタチンのはたらきを阻害する抗体を注射すると、運動をしなくとも筋肥大が起こります。この赤ちゃんでは、ミオスタチンの遺伝子にDNAの塩基（A、G、C、Tの4種）がGからAへと置換している変異が1ヵ所だけ見つかりました。

このミオスタチンは、筋肥大の〝スイッチ〟にかかわるキーファクターの一つであることがわかってきました。筋線維が肥大するときには、まず筋線維の周囲にある「筋サテライト細胞」という細胞が分裂・増殖する必要があります。その分裂・増殖のスイッチを「オフ」にするのがミオスタチンで、逆に「オン」にするのが肝細胞増殖因子（HGF）だと考えられるようになってきています。実際、私たちの研究グループは、トレーニングによって肥大した筋でミオスタチンの生成量が減少し、肝細胞増殖因子の生成量が増加していることを見出しました。

なぜ変異の発見が遅れたか？

さて、この赤ちゃんの母親は24歳の元プロスポーツ選手です。残念ながら父親の情報は公開されていませんが、母親の家系は、少なくとも3代にわたり評判の〝力持ち〟家系で、赤ちゃんのおじいさんは舗道の縁石を素手で引き抜くことができたそうです。

ミオスタチン遺伝子の変異がヒトの筋量を左右することは、1997年ごろには多くの研究者が予見しました。以来、この点について多くの研究もなされてきました。実際、2003年までに5種の変異が報告されましたが、いずれも残念ながら筋量や筋力にはあまり大きな影響を与えないものばかりでした。今回の赤ちゃんの場合、注目すべきは遺伝子の変異の場所です。

遺伝子には、タンパク質の直接の設計図になる「エクソン」という領域と、最終的に切り取られる〝余白〟のような「イントロン」という領域があります。ミオスタチンの遺伝子は、三つのエクソンの間に二つのイントロンが入り込んでいる構造をしています。当然、多くの研究者の注目はエクソンに集まり、イントロンはなかば無視されてきました。ところが、この赤ちゃんの遺伝子では、イントロンに変異があったのです。変異の結果、イントロンに相当する部分が正しい位置で切り取られず、正常なミオスタチンがつくられないことがわかりました。これは、ある意味では盲点であったといえるでしょう。

200分の1以下の確率だが……

遺伝子は、母親から受け継いだものと、父親から受け継いだもののペアでできています。このうち、変異などが一方のみにある場合を「ヘテロ接合」、双方にある場合を「ホモ接合」と呼びます。この赤ちゃんは「ホモ接合」、母親は「ヘテロ接合」です。したがって、父親にも同様の変異があったことが類推されます。母親はヘテロ接合であったため、目立つほど筋肉質ではないようですが、それでもプロ選手。おじいさんもおそらくヘテロ接合ですが、評判の力持ち。赤ちゃんはホモ接合であったため、生まれたときから注目を浴びるほどになりました。Schuelkeらの調査によれば、この変異が遺伝子に起こる確率は200分の1以下だそうです。ヘテロ接合は２００人に１人以下、ホモ接合は４万人に１人以下の確率であろうと類推されます。この数字、少ないと見るか多いと見るか。オリンピックに出場できる確率と対比すると、決して小さな数字ではないようにも思えます。

2　脂肪がつきやすい体質

体脂肪を制御する遺伝子

40年ほど前、遺伝的に極度の肥満を示すネズミ（マウス）の系統が育種されました。このネズミの血管系と正常なネズミの血管系を、特別な〝ふるい〟を通してつなぐと、肥満したネズミがやせることが見出されました。このことは、正常なネズミでは、血液中に体脂肪を減らす作用をもつなんらかの因子があることを示しています。ずっと後になり、この因子をつくり出す遺伝子が明らかにされ、単離されました。この遺伝子はｏｂ遺伝子（ｏｂは「肥満の」＝obese の略）と名づけられ、肥満ネズミではこの遺伝子の構造が不完全であることがわかりました。

「肥満遺伝子」の作用

それでは、このｏｂ遺伝子はどのようにはたらいているのでしょうか。現在のところ次のように想像されています。ｏｂ遺伝子が機能するのは主に脂肪細胞中です。ここで脂肪が蓄積されると、ｏｂ遺伝子の機能が発現し、この遺伝子を鋳型にしたｏｂタンパク質（注）がつくられます。ｏｂタンパク質は脂肪細胞から血液中に分泌され、脳に運ばれます。脳の視床下部という領域には、実態はまだ明らかではありませんが「リポスタット」（脂質を一定に保つ機構）と呼ぶことのできる領域があり、ｏｂタンパク質はここに作用します。

リポスタットがｏｂタンパク質を受け取ると、基礎代謝を上げ、食欲を低下させるように中枢に作用します。ｏｂタンパク質は、脂肪細胞中の脂質量が増えると多量につくられるので、正常なネズミの体脂肪率は10〜20％程度に保たれるわけです。一方、ｏｂ遺伝子に異常があり、ｏｂタンパク質をつくれないネズミでは、体脂肪率が40〜60％にまで上がります。

（注）ｏｂタンパク質はのちに「レプチン」（leptin）と命名されました。この発見を契機に、脂肪細胞から多数の物質が分泌されることがわかり、「アディポサイトカイン」と総称されるようになりました。アディポサイトカインのはたらきについては、第3章の「内分泌器官としての脂肪組織」の項で詳述しています（１０４ページ参照）。

「肥満遺伝子」は「肥満を解消する遺伝子」

ｏｂタンパク質を肥満ネズミに注射すると、みるみる肥満が解消されます。正常なネズミに注射すると、場合によっては体脂肪率が１％程度になるまでやせてしまいます。興味深いことに、このｏｂ遺伝子はヒトにもあり、この産物のヒトｏｂタンパク質（ネズミのものと若干構造が異なる）も、ネズミに対して強い痩身作用を示すことがわかりました。

ヒトの肥満にはおそらくさまざまな要因が関与しており、ネズミの場合のようには単純ではありません。しかし、肥満体質とｏｂ遺伝子やｏｂタンパク質との関係についての研究は、今後ますます活発になることでしょう。アメリカでは、ある製薬会社が〝究極の痩身薬〟の開発をめざして、ｏｂ遺伝子の研究に約２００億円の費用を計上しました。スポーツの場合を含め、その悪用をどう防ぐかといった議論もすでに始まっているそうです。

「太りやすい体質」を決める遺伝子

ヒトでは、肥満にかかわる遺伝子（obese gene＝ｏｂ遺伝子）は、７番目の染色体にあります。体脂肪中の脂肪細胞に中性脂肪が蓄積してくると、脂肪細胞はこの遺伝子を用いてレプチンというタンパク質をつくり、分泌します。レプチンは脳の視床下部という部分にはたらいて、食欲を減退させ、エネルギー摂取を抑えると同時に、身体の活動を高め、エネルギー消費を促します。このようにしてｏｂ遺伝子は体内の脂肪量を一定にしていると考えられていま す。

これらの事実から、レプチンは肥満症の治療のためや、〝究極の痩身薬〟として利用できるのではないかと期待されています。

肥満遺伝子とヒトの家系

肥満遺伝子に異常のあるマウスは、確かに極度の肥満になります。はたしてヒトでも同じことがいえるのでしょうか。これに対する最初の答えが、Montagueらによって、１９９７年6月26日号の『ネイチャー』誌に発表されました。彼らは重度の若年性肥満を示す家系について調べ、この家系に属する子どもたちのｏｂ遺伝子にまったく同じ変異があることを発見しました。この報告は、私たちヒトでもｏｂ遺伝子が「太りやすい体質」を決める一つの要因になっていることを示します。

ところで、レプチンは脳の視床下部にはたらきますので、この部分のレプチンに対する感受性が低いと、レプチンがたとえ正常に分泌されても、やはり肥満になります。マウスについては、このことを強く示唆する研究報告がなされています。これは、たとえばインスリンは分泌されるのに糖尿病になる「インスリン非依存型糖尿病」の場合に似ています。糖尿病の90％以上がこちらのタイプなのと同様、肥満体質の大部分も視床下部のレプチン感受性の低下が原因かもしれません。しかし、「どのようなメカニズムでレプチン感受性が決まるのか」「運動するとレプチン感受性が上がるのではないか」などについてはまだ不明です。

脂肪をムダに消費するタンパク質

それでは、テレビ番組の〝大食い王〟のように「いくら食べても太りにくい人」がいたり、逆に「あまり食べないのに太りやすい人」がいたりするのはなぜでしょうか。食物の消化吸収効率の差も一因でしょうが、この点についての説得力のある研究はあまりありません。一方、ミトコンドリアに「脱共役タンパク質」（uncoupling protein　ＵＣＰ）という、新しいタンパク質が見つかり、このタンパク質と肥満との関係が注目されはじめました。

このタンパク質は最初、冬眠をする動物がもつ脂肪組織（褐色脂肪）に見つかり、脂肪を燃料として効果的に熱生産を行うためのタンパク質であることがわかりました。すべての細胞は酸素を取り込んで脂肪や炭水化物を分解し、エネルギー源であるアデノシン三リン酸をつくります。このとき、多量のアデノシン三リン酸を生成するのが、ミトコンドリアにある「電子伝達系」という反応系です。ミトコンドリア脱共役タンパク質は、この電子伝達系のはたらきを妨害し、脂肪や炭水化物のもつエネルギーを熱として放出してしまうのです。

冬眠中は、この熱が体温を保持するために重要となるのですが、同様のタンパク質（ＵＣＰ

-2）が、冬眠とは関係のない白色脂肪にも見つかりました。白色脂肪は、私たちの体脂肪にあるものです。したがって、私たちの脂肪細胞は余剰の脂肪を熱として〝ムダに〟消費し、脂肪貯蔵量を増やしすぎないようにするシステムをもっている可能性があります。

つまり、ミトコンドリア脱共役タンパク質がうまくはたらかないと、「あまり食べないのに太りやすい」ことになります。このミトコンドリア脱共役タンパク質をつくる遺伝子と肥満体質との関係は、大変興味深い問題といえるでしょう。

メタボリックシンドロームになりやすい体質

「メタボリックシンドローム」という言葉をよく耳にするようになりました。これを日本語に直訳すると「代謝異常症候群」となり、「糖質、脂質などの代謝の問題に起因するインスリン抵抗性、高血圧、高脂血症などの疾病《しっぺい》」ということになります。放置すると、動脈硬化、心筋梗塞、脳血管障害など、循環障害による重篤《じゅうとく》な生活習慣病につながります。また、こうした状態は内臓脂肪の蓄積と密接な関係があることから、「内臓脂肪症候群」と訳される場合が多いようです。

内臓脂肪が問題となる理由

内臓脂肪の由来については、正確にはわかっていませんが、元来腸間膜などに微量に存在していた脂肪前駆細胞や多能細胞（何種類かの細胞に分化する能力をもった細胞）、骨髄でつくられ全身を循環する多能細胞などが増殖し、脂肪となったものと考えられています。こうした若い脂肪組織は内分泌活性が高く、前述したように、レジスチン、ＴＮＦ－α、インターロイキン－１、ＰＡＩ－１、などの「アディポカイン」（アディポサイトカイン）という物質を多量に分泌します。

これらの物質は、インスリン抵抗性、糖尿病、動脈硬化などの直接の原因となります。一般に女性は皮下脂肪の細胞数が多く、脂肪のキャパシティーも大きいために内臓脂肪がつきにくく、逆に皮下脂肪のキャパシティーの小さな男性は内臓脂肪がつきやすいと考えられます。疫学的調査から、厚生労働省では、ウエストサイズが男性で85㎝、女性で90㎝を超えていることが、メタボリックシンドロームと判定する前提要因としています。

β３‐受容体の多型

遺伝子の変異が１％以上の頻度で起こる場合、これを「多型」といいます。とくに、ＤＮＡ配列をつくる塩基が１個だけ置き換わった多型を「１塩基多型」（single nucleotide polymorphism　ＳＮＰ）といいますが、ヒトの全ゲノム上には約１０００万ヵ所の1塩基多型があり、体質や素質を含む個性の源《みなもと》と考えられています。肥満体質に関連した1塩基多型として最もよく知られるものが、「β３-アドレナリン受容体」（β３-ＡＲ）をつくる遺伝子の多型です。

この多型は最初、肥満が多いピマインディアンで見つかったもので、1個の塩基の置換により、64番目のトリプトファンというアミノ酸がアルギニンに変わってしまいます。その結果、β３-アドレナリン受容体の機能が著しく低下します。β３-アドレナリン受容体は脂肪細胞の細胞膜にあり、アドレナリンやノルアドレナリンを受容すると、細胞内で中性脂肪を分解する酵素「ホルモン感受性リパーゼ」を活性化します。したがって、この1塩基多型は脂肪分解活性の低下につながります。

実は、日本人にもこの1塩基多型が多く、34％の人がもっています。Sakaneら（２００１）の調査によれば、この1塩基多型をもつ人は、そうでない人に比べて内臓脂肪量が平均で50％多いとされています。さらに、この1塩基多型をもつ人は、安静時の代謝が約２００kcal／日低いと報告されています。

脱共役タンパク質の多型

脱共役タンパク質（ＵＣＰ）はミトコンドリアという細胞小器官にあって、有酸素性代謝とアデノシン三リン酸合成反応の間の共役を妨害し、栄養素のエネルギーをすべて熱にしてしまうタンパク質です。エネルギーの浪費のようですが、体温の生成に重要です。UCP－1は褐色脂肪、UCP－2は白色脂肪、UCP－3は主に筋肉にあります。このうち、遺伝子多型がよく研究されているのはUCP－1です。UCP－1の遺伝子には、3826番目の塩基がアデニンからグアニンに置き換わった1塩基多型があり、これによって正常なUCP－1ができなくなってしまいます。日本人の24％がこの1塩基多型をもっています。

ヒトでは、褐色脂肪は胸から脇にかけて40g程度しかありませんが、UCP－1のはたらきによって、体熱生産のうちの約20％を担っています。基礎代謝のうち約60％は体熱生産に使われますので、UCP－1の1塩基多型によって、基礎代謝が（60％×20％＝）12％、すなわち100kcal／日以上低下します。

脂肪細胞を増殖させるPPAR－γ

反対に、プラスの効果をもつ1塩基多型もあります。PPAR－γと呼ばれるタンパク質は、脂肪前駆細胞やその他の幹細胞が脂肪細胞に分化するときに重要なはたらきをします。すなわち、脂肪細胞の増殖そのものに関係しています。このタンパク質には、12番目のプロリンがアラニンに置き換わる1塩基多型があります。PPAR－γ欠損マウスは、高脂肪食でも太らないため、ヒトでも「太りにくい体質」に関係しているものと想像されています。

β3－アドレナリン受容体とUCP－1について見ると、日本人のうち（34%×24%≒）8・2%の人は、双方が正常型の人に比べ、安静時の代謝が少なくとも300kcal／日低いということになります。1日当たりケーキ1個分のハンディといえます。たかがケーキ1個分ですが、体脂肪に換算すると、約40gになります。1年では、体脂肪約14kgです。運動に換算すると、約5km／日のジョギング（体重60kgの場合）に相当します。

このように考えると、メタボリックシンドローム予防のためには、まず自分の遺伝的特性を知っておくことが有用と思われます。若い人の場合、普段は太っていなくとも、活動量が減ったときに太りやすい傾向がある人は要注意でしょう。

3　スポーツ能力の素質

持久力の「素質」

持久力には、「全身持久力」と「筋持久力」があります。全身持久力は、たとえば3000mや5000mなどの長距離をどれだけ速く走れるかといった「エアロビック」な能力と考えてよいでしょう。一方、筋持久力は、たとえば最大筋力の40%程度の低負荷を何回もち上げられるかといった能力に相当します。スポーツ選手には、種目によって程度の差こそあれ、これら両方の持久力が要求されます。

持久力を決める要因

全身持久力を決める生理学的要因は、最大酸素摂取量（VO_2max）と乳酸蓄積開始点（OBLA）です。最大酸素摂取量は、1分当たりに身体が取り込むことのできる、最大の酸素の体積を指します。身体が酸素を1L取り込むと、これを用いて約5kcalのエネルギーを生産し、消費しますので、最大酸素摂取量が大きいほど、1分当たりに多くのエネルギーを用いて運動ができることになります。

乳酸蓄積開始点＝OBLAは「Onset of Blood Lactate Accumulation」の略で、血液中の乳酸濃度が4mM（mmol／L）という値を超える運動の強さを表します。筋線維の周囲の乳酸濃度が約25mMを超えると、エネルギー生産が止まり、収縮が起こらなくなりますが、これが4mM以下ですと、筋収縮にともなう乳酸の生成と、心筋や肝臓などによる乳酸の処理が平衡状態になるため、いつまでも運動を持続することができます。したがって、マラソンの走速度は、ほぼこの乳酸蓄積開始点に相当する運動強度になります。乳酸蓄積開始点に相当する強度は、最大酸素摂取量に相当する強度の60～80％程度ですが、人により異なります。

最大酸素摂取量は、心臓の能力（心拍出量）と、肺の能力（肺換気量）でほぼ決まります

（いわゆる心肺機能）。これに対し、乳酸蓄積開始点は筋線維組成（筋の中の遅筋線維の割合：％ＳＴ）で決まることがわかっています。

一方、筋持久力は、筋線維組成と筋内循環の程度（筋内にどれだけ毛細血管が発達しているか）で決まると考えられています。筋内の毛細血管が発達していて循環がよければ、速筋線維の収縮にともなって生じる乳酸などの代謝物をすみやかに除去できる上、遅筋線維にも多くの酸素を供給できます。筋内毛細血管密度は、低負荷、高反復回数のトレーニングによって大幅な改善が可能とされていますので、遺伝的影響はさほど大きくないように見受けられます。

筋線維組成と遺伝

全身持久力と筋持久力をそれぞれ決める要因の中から共通項を探すと、筋線維組成ということになります。Komiら（１９７６）は、一卵性双生児の％ＳＴがほぼ同じことから、筋線維組成がまず遺伝によって決まることを示しました。したがって、持久的競技選手としての資質は、まず筋線維組成（％ＳＴが高いこと）という形で決定されます。

しかし、その後の研究から、持久的トレーニングによって、速筋線維が遅筋線維的なものに変わることがはっきりしてきたため、「持久的競技選手はトレーニングによってつくることが、ある程度可能である」と考えられるようになりました。一方、筋力トレーニングによって遅筋線維が速筋線維的になることについては否定的な見解が強く、「スプリンターは素質で決まってしまう」可能性があります。これらの点については、前にも述べた通りです。

ところが、筋の発生に関する近年の研究から、およそ次のようなことがわかりました。筋線維のもととなる細胞は、筋芽《きんが》細胞と呼ばれますが、この筋芽細胞は、発生時（胎児の前の段階）に体節板と呼ばれる組織から分かれ、筋となるべき場所に移動します。このとき筋芽細胞は、すでに速筋線維になるべきか、遅筋線維になるべきか、遺伝子によって決定されています。しかしその後、神経を切除したり、筋の活動を抑制したりすると、誕生時には本来遅筋線維になるべきものがすべて速筋線維になってしまいます。

このことは、「トレーニングによって速筋線維が遅筋線維的になる」と考えられていたものが、実はそうではなくて、「遺伝的には遅筋線維となるべきものが、活動の低下などが原因でたまたま速筋線維になっていて、トレーニングによってそれらが本来の運命を取り戻す」ことを示しています。

筋内循環とアンギオテンシン変換酵素

一方、筋内循環の遺伝的要因に関して、Montgomeryら（1998）が、興味深い研究を『ネイチャー』誌に発表しました。彼らは、アンギオテンシン変換酵素（ACE）という酵素の遺伝子に明確な個人差があることに着目しました。

アンギオテンシン変換酵素遺伝子には、余分な遺伝暗号が挿入された「I型」と、挿入されていない「D型」の二つの型があります。遺伝子は、母方、父方から譲り受けた一対の組からなっていますので、「I／I」、「I／D」、「D／D」の3種類の遺伝子型があることになります。I型の遺伝子からつくられた酵素は、D型の遺伝子からつくられた酵素に比べ、活性が低く、そのため、I型の遺伝子を少なくとも一つもつ人のアンギオテンシン変換酵素活性は、D／D型の遺伝子をもつ人のそれと比べて低くなります。

アンギオテンシン変換酵素という酵素は、血液中のアンギオテンシンIというペプチドホルモンを、より活性の高いアンギオテンシンIIに変換します。同時にキニンというタンパク質にはたらいてこれを不活性化します。アンギオテンシンIIには、①血管を強く収縮させ、血液の循環を制限する　②尿の排出を抑制する　③中枢にはたらき、喉の渇きを感じさせるなどの作用があります。逆にキニンには、血管を拡張する作用があります。これらは、私たちの体液を保持するために重要なはたらきです。

筋持久力にも素質がある?

激しい運動をすると発汗が起こります。同時に、筋に血漿《けっしょう》が移動し（パンプアップ）、循環血漿量が減少します。身体はこれを「体液が減少した」とみなし、アンギオテンシンIIを生産します。これは、生体にとっては、水分不足時に体液を保持するための正当な反応なのですが、運動時には筋への循環をも制限してしまうとも考えられます。

Montgomery らは、酸素マスクを使わずにエベレストに登頂した経験をもつ一流登山家25名についてアンギオテンシン変換酵素の遺伝子型を調べ、23名がI型（低活性型）の遺伝子をもつことを見出しました。さらに、一般人を対象に、筋持久力のトレーニングの効果（バーベルカールを極限回数行う）を調べ、I／I型の人では、D／D型の人に比べ10倍以上もトレーニング効果（最大反復回数の向上の程度）が高かったと報告しています。

これらの結果の解釈はまだむずかしいのが現状ですが、ヒトの遺伝子型とトレーニング効果との関係を明らかにした点では画期的な研究といえるでしょう。

2種類の「マラソンマウス」

持久力のカギを握る可能性のある物質として、造血作用を高めるエリスロポエチン（ＥＰＯ）や、前述したアンギオテンシン変換酵素（ＡＣＥ）などが候補に挙がります。これらは、筋肥大における成長ホルモンやテストステロンなどと同様、どちらかというと補助的なはたらきをするものといえます。ところが、近年の研究から、有力な候補が相次いで二つ発見されました。ＰＰＡＲδとＨＩＦ-1αという難解な名前のタンパク質ですが、いずれも遺伝子のはたらきを調節する物質です。

筋線維のタイプ変化に着目

すでに何度も述べてきましたが、筋は遅筋線維（タイプⅠ線維）と速筋線維（主にタイプⅡa線維とタイプⅡb〈Ⅱx〉線維）からできています。これらの筋線維の持久力は、Ⅰ>Ⅱa>Ⅱbの順になります。タイプⅠは有酸素性代謝に優れていて、脂質を代謝する能力が高く、また有酸素性代謝に必要な酵素や色素タンパク（ミオグロビンやチトクローム）を多量にもつため、赤みをおびています。動物に長期の持久力トレーニングをさせると、筋線維のタイプはⅡb→Ⅱa→Ⅰの方向に変化します。ヒトではⅡa→Ⅰの変化はとらえられていませんが、少なくともⅡb（Ⅱx）→Ⅱaの変化は起こります。したがって、こうした筋線維のタイプ変換に直接かかわる物質が、持久力のカギを握っているものと想像されます。

遅筋線維を増やすPPARδ

Evansらのグループ（2004）は、PPARδというタンパク質が脂肪細胞の脂質代謝を活性化すること、遅筋線維に多く含まれることなどに注目し、マウスを用いてさまざまな実験を行いました。まず、遺伝子組み換えによって、すべての筋線維で常にPPARδが多量につくられるマウスをつくったところ、タイプⅠ線維の多いマウスになりました。マウスはそもそもタイプⅡ線維の多い動物ですが、この組み換えマウスでは、全身の筋肉が赤みをおびて見えるほどです。同時に、タイプⅠ線維に特徴的なタンパク質（遅筋型トロポニン、ミオグロビン、チトクロームなど）の量も著しく増加しました。これらのことから、ＰＰＡＲδは筋線維を遅筋型の方向に変化させる物質であることがわかります。

次に彼らは、通常のマウスと遺伝子組み換えマウスの持久力を比べました。疲労困憊《こんぱい》に至るまでトレッドミル走をさせると、走行時間、走行距離のいずれについても、遺伝子組み換えマウスは通常のマウスの約2倍の値を示しました。したがって、遺伝子組み換えによって「マラソンマウス」ができたといえます。

肥満を防ぐ効果も

有酸素性代謝能力が高いことは、脂質代謝能力が高いことにつながります。またタイプⅡb→Ⅱａの変化が起こると、脱共役タンパク質（ＵＣＰ－３）が増え、より多くのエネルギーを熱に変えるようになります（第3章参照）。実際、Evansらは、右記の遺伝子組み換えマウスが、通常のマウスに比べ、体重も体脂肪量も著しく少ないことを示しました。一方、こうした体重と体脂肪量の低下が、持久走のパフォーマンスにどのような影響を与えているかが不明であり、この点はやや問題として残るところです。

時期を同じくして、Johnsonらのグループ（２００４）は、まったく別の「マラソンマウス」をつくることに成功しました。彼らは、ＨＩＦ－１αというタンパク質の遺伝子を破壊したマウス（ノックアウトマウス）をつくり、このマウスが走運動、遊泳運動のいずれでも高い持久力を示すことを報告しました。ＨＩＦ－１αのはたらきについては不明の点も多いのですが、低酸素などの環境下で、筋線維の無酸素性代謝活性を高めるものと考えられています。

Evansらと Johnsonらの研究から、筋線維には、有酸素性代謝を高めるスイッチ物質（ＰＰＡＲδ）と、逆に無酸素性代謝を高めるスイッチ物質（ＨＩＦ－１α）があり、これらの物質の量を操作することで、持久力を高めることが可能であることを示唆しています。

活性酸素による副作用も

Johnsonらの研究では、持久運動後の筋の変化についても調べられています。その結果、ＨＩＦ－１αノックアウトマウスでは、確かに1回のテストでの持久力は高いものの、運動後数日にわたって著しい筋損傷と持久力の低下が持続することがわかりました。これはおそらく、有酸素性代謝の亢進《こうしん》にともなう活性酸素種の生成によるものと考えられます。

トレーニング以外の方法で人為的に有酸素性代謝を向上させると、スーパーオキシドディスムターゼなどによる抗酸化能力は発達しないので、このような副作用が生じてしまうのでしょう。

ドーピングへの可能性

これらのマウスの実験は、遺伝子操作によるものですので、「遺伝子ドーピング」を行わない限り、ヒトにただちに応用することはできないでしょう。しかし、Evansらは、ＧＷ５０１５１６というＰＰＡＲδ作用薬（同様の作用をする薬物）を餌に混ぜて通常のマウスに与えたところ、遺伝子組み換えを行った場合と同様の効果が得られたことも報告しています。これについては、近い将来ドーピングに悪用される危険性もあると思われます。

ここで述べた二つの物質をつくる遺伝子に変異や多型があれば、生来の筋線維組成に強い影響を及ぼすことで、持久力の素質を左右するカギになる可能性があります。しかし、この点については、まだはっきりした結論に達していないのが現状です。

スポーツ遺伝子

ヒトゲノム（遺伝子情報）解析が一段落し、個人差や体質にかかわる遺伝子の研究が盛んに行われるようになってきています。スポーツ能力や健康状態に関連する可能性のある遺伝子も近年次々と報告され、今やその数は１００以上にのぼっています。そんな中、ある民間企業の委託で、「スポーツ遺伝子検査」にかかわる学術的サポートを行うことになりました。ここでは、こうして私自身がかかわることになったACTN3という遺伝子を例に、スポーツ能力に関連する遺伝子について紹介します。

遺伝子の変異と多型

遺伝子は、私たちの身体をつくるタンパク質の〝設計図〟といえます。遺伝子DNA上には、アデニン、グアニン、シトシン、チミンという4種類の塩基が連なっていて、これらの塩基の配列の順序が一種の暗号となっています。たとえば、筋タンパク質であるミオシンがつくられるときには、ミオシン遺伝子（MHC）上の暗号が読みとられ、これをもとにミオシンが合成されます。このような過程を、「遺伝子の発現」といいます。

一方、なんらかの原因で遺伝子配列の一部が変化すると、目的とするタンパク質がつくられなくなったり、十分に機能できなくなったりします。これを「遺伝子の変異」といいます。これを「突然変異」がよく知られますが、同じ変異が高頻度で観察される場合（通常1％以上）、これを「遺伝子の多型」と呼びます。遺伝子多型は個人差や体質の主な要因と考えられます。

同じ一つのタンパク質をコードする（設計図となる）遺伝子について見ると、私たちは母方からもらった遺伝子と、父方からもらった遺伝子の、一対のペアをもっています。父方由来の遺伝子と母方由来の遺伝子がまったく同じ場合を「ホモ接合型」、それぞれが異なる場合を「ヘテロ接合型」といいます。

速筋線維に発現するＡＣＴＮ３

ＡＣＴＮ３という遺伝子は、α-アクチニン３というタンパク質をコードしています。α-アクチニンは筋線維のＺ膜という構造をつくるタンパク質です。ヒトのα-アクチニンにはα-アクチニン２とα-アクチニン３の２種があり、それぞれの遺伝子をＡＣＴＮ３と呼びます。ＡＣＴＮ２は速筋線維と遅筋線維の両方で発現していますが、ＡＣＴＮ３は速筋線維にのみ発現していることがわかっています。

ＡＣＴＮ３の多型とスポーツ能力

ＡＣＴＮ３には、α-アクチニン３のアミノ酸配列の中で５７７番目のアルギニン（Ｒ）の暗号となるべきところが、「暗号の読み取り終了指令」（Ｘ）に置き換わってしまう変異が30～40％という高頻度で存在します。このような場合、正常な遺伝子を「Ｒ」、変異をもつ遺伝子を「Ｘ」と略称します。したがって、私たちがもつ遺伝子型には、「Ｒ／Ｒ」（正常型ホモ）、「Ｒ／Ｘ」（ヘテロ）、「Ｘ／Ｘ」（変異型ホモ）の３通りが生じます。Ｘ／Ｘ型では、正常なα-アクチニン３はつくられませんが、α-アクチニン２が肩代わりをすることで、筋線維としての機能は維持されると考えられています。

オーストラリアのYangら（２００３）は、さまざまなレベルの運動選手を対象として、Ａ

ＣＴＮ３の遺伝子型の頻度を調べ、次のような結果を報告しています（Ｒ／Ｒ：Ｒ／Ｘ：Ｘ／Ｘのおよその存在比で示す。男女とも同じ傾向）。一般人で３：５：２、オリンピックレベルのスプリント／パワー系選手で５：５：０、オリンピックレベルの持久系競技選手で３：４：３。この結果から、少なくともひとつのＲ型遺伝子をもっていることが、スプリント／パワー系競技には有利にはたらくことが示唆されます。

日本人には持久力タイプが多い？

ＡＣＴＮ３の多型には人種差のあることも報告されています。右記の存在比（一般人）、Ｒ／Ｒ：Ｒ／Ｘ：Ｘ／Ｘ＝３：５：２は白人の場合で、アジア系ではＸ／Ｘ型が30％以上存在するようです。一方、アフリカ系黒人では、Ｘ／Ｘ型は３％以下しかいないとされています。これをストレートに解釈すると、遺伝的特性から見て、アフリカ系黒人はスプリント／パワー系競技に向いていて、アジア系人種は持久系競技に向いているということになります。日本人のデータはまだ十分になく、これから集まってくるという段階です。

仮にスプリント／パワー系競技選手でＲ／Ｒ型であっても、安心はできません。Ckarksonら（２００５）は、筋力トレーニングによる筋力の伸び率を比較し、Ｘ／Ｘ＞Ｒ／Ｘ＞Ｒ／Ｒであったと報告しています。Ｒ／Ｒ型はそもそもすぐれた筋力発揮特性をもつものの、かえって筋力トレーニングに対する反応性が鈍いのではないかと思われます。この点を克服するようなトレーニングの工夫があればこそ、トップレベルになれると考えるべきでしょう。

ＡＣＴＮ３の多型は、これまでに報告された遺伝子多型の中で、スポーツ競技力との関連性が最も顕著なものといえるでしょう。しかし、その生理学的メカニズムはまだ明らかではありません。そもそも、α-アクチニン３は速筋線維にしか発現しませんので、Ｒ／Ｒ型とＸ／Ｘ型では見かけ上同じ速筋線維でも、収縮特性や疲労耐性が若干異なるのかもしれません。また、ＡＣＴＮ３の遺伝子多型が筋線維組成（筋の中の速筋線維の割合）そのものに関連しているのかもしれません。これらの点については、今後調べていく予定です。

運動・トレーニングが遺伝子を変える？

以前、『Ｑ＆Ａ　運動と遺伝』（大修館書店　２００１）という本を監修しました。その中に「運動は遺伝子を変えるか?」という項目があり、「運動は遺伝子のはたらきを調節するが、遺伝子そのものは変えない」と解説しました。これは基本的に正しいのですが、最近の研究から、運動などの環境要因が遺伝子自体の構造を変えるという、驚くべきことが起こる可能性も示されています。

遺伝子の発現とその調節

運動能力には遺伝的素質が関係しています。実際にどのような遺伝子が関係しているかについても研究が進み、100を超える遺伝子がその候補に挙がっています。前述の通り、筋の構造タンパク質である「α-アクチニン3」や、筋の成長を抑制するタンパク質である「ミオスタチン」をつくる遺伝子は、その代表例といえるでしょう。これらの遺伝子には「多型」といって個人間に小さな差異があり、つくられるタンパク質の機能にも個人差が生じます。

ヒトには約3万個の遺伝子があります。しかし、すべての遺伝子が常時はたらいているわけではなく、必要なときに必要な遺伝子がはたらき、目的とするタンパク質がつくられます。遺伝子からタンパク質がつくられることを「遺伝子の発現」といい、遺伝子発現のスイッチをオンにしたりオフにしたりすることを「遺伝子発現の調節」といいます。たとえば、筋力トレーニングをすると、筋ではその成長を促すIGF-1やIGF-2などの成長因子の遺伝子発現が上昇し、逆に筋の成長を抑制するミオスタチンの遺伝子発現が低下します。これらの遺伝子に多型があれば、同じトレーニングをしても、その効果には個人差が生じることになります。

このようなメカニズムは遺伝子のはたらきの基本ですが、実はトレーニングの効果を完全には説明できません。経験からわかるように、筋力トレーニングを1回行っても、その効果はすぐには現れません。4週間、8週間とトレーニングを続けることではじめて、筋の成長に関連した遺伝子の発現に持続的な変化が現れます。これを「繰り返し効果」と呼ぶことができます。

一方、週2回以上の頻度でトレーニングを行って増加した筋力は、その後週1回程度に頻度を落としても維持できたり、トレーニングのキャリアが長いほど、トレーニングを中断した後の筋力低下の速度が遅かったりします。これはトレーニング効果の「長期記憶」と呼ぶことができます。いずれも単純な遺伝子発現の調節では説明できず、未解明の問題です。

一卵性双生児の共通点と相違点

これらの問題に対するヒントが、Estellerら（2005）による一卵性双生児の研究の中に隠されています。一卵性双生児は、まったく同一の遺伝子をもっています。Komiら（1976）の研究によれば、筋の速筋線維と遅筋線維の割合も、一卵性双生児では同じになります。したがって、運動機能でも類似している可能性が高く、マラソンの宗兄弟などはそのよい例といえます。

一方、疫学的研究から、一卵性双生児が必ずしも同じ病気で死亡するわけではないことなども知られています。Estellerらは、80組の一卵性双生児について、すべての遺伝子の発現を網羅的に調べました。その結果、たとえ遺伝子は同じでも、個々の遺伝子の発現には差があり、その差が年齢とともに大きくなることがわかりました。この結果は、生活環境の違いが蓄積的に、そして長期にわたって遺伝子発現に影響を及ぼすことを示唆しています。運動やトレーニングにも同様の効果があるものと考えられます。

環境が遺伝子を変える仕組み

このように、環境が長期にわたって遺伝子発現に影響を及ぼす仕組みに、遺伝子の構造の変化がかかわっているという説が提唱されています。とはいっても、遺伝情報そのものが〝書き換えられる〟わけではありません。

遺伝子はDNAでできた長い糸状構造をしています。この糸の上に遺伝情報が一列に並んでいる、いわば長い磁気テープのようなものです。細胞の核の中では、この長いDNAの糸が、「ヒストン」という糸巻きのような形をしたタンパク質に巻きとられ、整然とコンパクトに収納されています。環境の刺激が加わると、隣り合う糸上のDNA同士が、「メチル化」という反応によって結合することが起こります。さらに、ヒストンにも徐々に変化が起こり、別種のタンパク質がこれに結合することで、ケバケバが生えたようになります。これらの構造変化が起こると、DNAの糸が〝ほぐれにくく〟なります。その結果、特定の遺伝子の発現が長期にわたって抑制され、相補的に別の遺伝子の発現が増強されるのではないかと考えられています。

こうした遺伝子の構造変化は、まだ仮説の段階ですが、二つの重要なことを示唆しています。一つは、遺伝子は必ずしもスポーツ能力の決定的要因ではないこと。もう一つは、運動やトレーニングを継続し、習慣化することの重要性です。それにより、運動の効果が遺伝子上にある程度定着する可能性も考えられます。

「素質」を形成する最も大きな要因はおそらく、「継続的な努力をあたりまえのようにできること」であり、これは数個の遺伝子で決まるような単純なものではないでしょう。

〈参考文献〉

第１章

Andersen, JL and Aagaard, P: Myosin heavy chain IIX overshoot in human skeletal muscle. Muscle Nerve, 23, 1095-1104, 2000.

Hanson, P et al.: Anatomical differences in the psoas muscles in young black and white men. J. Anat., 194 , 303-307, 1999.

Kadi, F et al.: The expression of androgen receptors in human neck and limb muscles: effects of training and self-administration of androgenic-anabolic steroids. Histochem. Cell Biol., 113, 25-29, 2000.

Staron, RS et al.: Fiber type composition of the vastus lateralis muscle of young men and women. J. Histochem. Cytochem., 48, 623-629, 2000.

Kraemer, W J :Physiological adaptations to anaerobic and aerobic endurance training programs. Baechle, T R and Earle, R W (Ed.), "Essentials of Strength Training and Conditioning", 137-168, Human Kinetics, 2000.

Clapham, JC et al.: Mice overexpressing human uncoupling protein-3 in skeletal muscle are hyperphagic and lean. Nature, 406, 415-418, 2000.

第２章

Hikida, RS et al.: Myonuclear loss in atrophied soleus muscle fibers. Anat. Rec., 247, 350-354, 1997.

Rosenblatt, JD and Parry, DJ: Gamma irradiation prevents compensatory hypertrophy of overloaded mouse extensor digitorum longus muscle. J. Appl. Physiol., 73, 2538-2543, 1992.

Kawada, S, Tachi, C and Ishii, N: Myostatin production and localization in mouse skeletal muscle during aging, unloading and reloading after unloading. J. Muscle Res. Cell Motil., 22, 627-633, 2001.

石井直方:筋の力学的性質はミオシン分子の力学的性質で決まるのか,『Q&A　運動と遺伝』(大野秀樹，及川恒之，石井直方　編)，112-113, 大修館書店，2001.

Stauber, WT : Eccentric action of muscles: physiology, injury and adaptation. Exerc. Sport Sci. Rev., 17, 157-185, 1989.

Nardone, A et al.: Selective recruitment of high-threshold human motor units during voluntary isotonic lengthening of active muscles. J. Physiol., 409, 451-471, 1989.

Ishii, N, Tsuchiya, T and Sugi, H: An in vitro motility assay system retaining the steady-state force-velocity characteristics of muscle fibers under positive and negative loads. Biochim. Biophys. Acta, 1319, 155-162, 1997.

金俊東 他： MRIによる高齢者の筋特性，「臨床スポーツ医学」17，44-49,2000.

Yamauchi, J, Ishii, N et al.: Steady-state force-velocity relation in human multi-joint movement determined with force clamp analysis. J. Biomech., 40, 1433-1442, 2007.

Sasaki, K and Ishii, N: Shortening velocity of human triceps surae muscle measured with the slack test in vivo. J. Physiol., 567, 1047-1056, 2005.

Takarada, Y, Ishii, N et al: Stretch-induced enhancement of power output in human multijoint exercise with countermovement. J. Appl. Physiol., 83, 1749-1755, 1997.

第３章

Paffenbarger, RS Jr et al.: Physical activity as an index of heart attack risk in college alumni. Am. J. Epidemiol., 108, 161, 1978.

Clapham, JC et al.: Mice overexpressing human uncoupling protein-3 in skeletal muscle are hyperphagic and lean. Nature, 406, 415-418, 2000.

Petersen, AM and Pedersen BK: The anti-inflammatory effect of exercise. J Appl. Physiol., 98, 1154-1162, 2005.

Pellymounter, MA et al.: Effects of obese gene product on body weight regulation in ob/ob mice. Science N Y, 269, 540-543, 1995.

Gravholt, C et al.: Effects of a physiological GH pulse on interstitial glycerol in abdominal and femoral adipose tissue. Am. J. Physiol. 277, E848-E854, 1999.

van Praag, H et al.: Running increases cell proliferation and neurogenesis in the adult mouse dentate

gyrus. Nature Neurosci., 2, 266-270, 1999.
Mohri, Y et al.: Prolonged rhythmic gum chewing suppresses nociceptive response via serotonergic descending inhibitory pathway in humans. Pain. 118, 35-42, 2005.
Fumoto, M et al.: Appearance of high-frequency alpha band with disappearance of low-frequency alpha band in EEG is produced during voluntary abdominal breathing in an eyes-closed condition. Neurosci. Res., 50, 307-317, 2004.
Baulieu, E-E et al. : Dehydroepiandrosterone (DHEA), DHEA sulfate and aging: Contribution of the DHEAge Study to a sociobiomedical issue. Proc. NAS , 97, 4279-4284, 2000.
Kujoth, GC et al.: Mitochondrial DNA mutations, oxidative stress and apoptosis in mammalian aging. Science, 309, 481-484, 2005.

第4章

Kraemer, WJ: Endocrine responses to resistance exercise. Baechle, TR and Earle, RW (Ed.), "Essentials of Strength Training and Conditioning", 91-114, Human Kinetics, 2000.
Kraemer, WJ et al. : Hormonal and growth factor responses to heavy resistance exercise protocols. J. Appl. Physiol., 69, 1442-1450, 1990.
Takarada, Y, Ishii, N et al.: Effects of resistance exercise combined with moderate vascular occlusion on muscule function in humans. J. Appl. Physiol., 88, 2097-2106, 2000.
Takarada, Y, Ishii, N et al.: Rapid increase in plasma growth hormone after low-intensity resistance exercise with vascular occlusion. J. Appl. Physiol., 88, 61-65, 2000.
Takarada, Y, Sato, Y and Ishii, N: Effects of resistance exercise combined with vascular occlusion on muscule function in athletes. Eur. J. Appl. Physiol., 86, 308-314, 2002.
Hennemann, E et al.: Functional significance of cell size in spinal motoneurons. J. Neurophysiol., 28, 560-580, 1965.
Mellah, S et al.: Changes in excitability of motor units during preparation for movement. Exp. Brain Res., 82, 178-186, 1990.
Nardone, A et al.: Selective recruitment of high-threshold human motor units during voluntary isotonic lengthening of active muscles. J. Physiol., 409, 451-471, 1989.
Stauber, WT : Eccentric action in muscles: physiology, injury and adaptation. Exerc. Sport Sci. Rev., 17, 157-185, 1989.
Hakkinen, K: Neuromuscular adaptation during strength training, aging, detraining and immobilization. Critical Rev. Physical Rehab. Med., 6, 161-198, 1995.
DeMichele PL et al: Isometric torso rotation strength: effect of training frequency on its development. Arch. Phys. Med. Rehabil., 78, 64-69, 1997.
Takarada, Y and Ishii, N: Muscular hypertrophy induced by low-intensity resistance training with short rest period in aged women. J. Str. Condition Res., 16, 123-128, 2002.
Sforzo, TA and Touey, PR: Manipulating exercise order affects muscular performance during a resistance exercise session. J. Str. Condition Res., 10, 20-24, 1996.
Tanimoto, M and Ishii, N: Effects of low-intensity resistance exercise with slow movement and tonic force generation on muscular function in young men. J. Appl. Physiol., 100, 1150-1157, 2006.
Tanimoto, M, Madarame, H and Ishii, N: Muscle oxygenation and plasma growth hormone concentration during and after resistance exercise: Comparison between "KAATSU" and other types of regimen. Int. J. KAATSU Tr. Res., 1, 51-56, 2005.
Dawson, TJ and Taylor, CR: Energetic Cost of Locomotion in Kangaroos. Nature, 246, 313-314, 1973.
Goto, K, Ishii, N et al.: Effects of resistance exercise on lipolysis during subsequent submaximal exercise. Med. Sci. Sports Exerc., 39, 308-315, 2007.
Goto, K, Ishii, N et al.: Enhancement of fat metabolism by repeated bouts of moderate endurance exercise. J. Appl. Physiol., 102, 2158-2164, 2007.
Ronsen, O et al.: Increased neuroendocrine response to a repeated bout of endurance exercise. Med. Sci. Sports Exerc., 33, 568-575, 2001.
Goto, K, Ishii, N et al.: Prior endurance exercise attenuates growth hormone response to subsequent resistance exercise. Eur. J. Appl. Physiol., 94, 333-338, 2005.
Spurrs, RW, Murphy, AJ and Watsford, ML: The effect of plyometric training on distance running

performance. Eur. J. Appl. Physiol. , 89, 1-7, 2003.

第 5 章

Esmarck, B et al.: Timing of postexercise protein intake is important for muscle hypertrophy with resistance training in elderly humans. J. Physiol., 535, 301-311, 2001.

Stout, JR et al.: Effects of resistance exercise and creatine supplementation on myasthenia gravis: a case study. Med. Sci. Sports Exerc., 33, 869-872, 2001.

Sugita, M, Ishii, N et al.: Effect of a selected amino acid mixture on the recovery from muscle fatigue during and after eccentric contraction exercise training. Biosci. Biotech. Biochem., 67, 372-375, 2003.

Podmore, ID et al.: Vitamin C exhibits pro-oxidant properties. Nature, 392, 559, 1998.

Howitz, KT et al.: Small molecule activators of sirtuins extend Saccharomyces cerevisiae lifespan. Nature, 425, 191-196, 2003.

Batterham, RL et al.: Gut hormone PYY(3-36) physiologically inhibits food intake. Nature, 418, 650-654, 2002.

Samaha, FF et al.: A low-carbohydrate as compared with a low-fat diet in severe obesity. N. Engl. J. Med., 348, 2074-2081, 2003.

Foster, GD et al.: A randomized trial of a low-carbohydrate diet for obesity. N. Engl. J. Med., 348, 2082-2090, 2003.

Lang, CH et al.: Alcohol myopathy: impairment of protein synthesis and translation initiation. Int. J. Biochem. Cell Biol., 33, 457-473, 2001.

第 6 章

McPherron, AC, Lawler, AM and Lee, S-J: Regulation of skeletal muscle mass in mice by a new TGF-beta superfamily member. Nature, 387, 83-90, 1997.

Barton-Davis, ER et al.: Viral mediated expression of insulin-like growth factor I blocks the aging-related loss of skeletal muscle function. Proc. NAS, 95, 15603-15607, 1998.

Kawada, S, Tachi, C and Ishii, N: Myostatin production and localization in mouse skeletal muscle during aging, unloading and reloading after unloading. J. Muscle Res. Cell Motil., 22, 627-633, 2001.

Roth, SM et al.: Myostatin gene expression is reduced in humans with heavy-resistance strength training: a brief communication. Exp. Biol. Med., 228, 706-709, 2003.

Bogdanovich , S et al.: Functional improvement of dystrophic muscle by myostatin blockade. Nature, 420, 418 - 421, 2002.

Schuelke, M et al.: Myostatin mutation associated with gross muscle hypertrophy in a child. N. Engl. J. Med., 350, 2682-2688, 2004.

Montague , CT et al.: Congenital leptin deficiency is associated with severe early-onset obesity in humans. Nature, 387, 903 - 908, 1997.

Clapham, JC et al.: Mice overexpressing human uncoupling protein-3 in skeletal muscle are hyper-phagic and lean. Nature, 406, 415-418, 2000.

Boss, O et al.: Effect of endurance training on mRNA expression of uncoupling proteins 1,2 and 3 in the rat. FASEB J., 12, 335-339, 1998.

Schrauwen, P et al.: Skeletal muscle UCP2 and UCP3 expression in trained and untrained male subjects. Int. J. Obesity & related Metabol. Disord., 23, 966-972, 1999.

Montgomery, HE et al.: Human gene for physical performance. Nature, 393, 221-222, 1998.

Wang, YX et al. : Regulation of muscle fiber type and running endurance by PPARdelta. PLoS Biol., 2, e294, 2004.

Yang, N et al.: ACTN3 genotype is associated with human elite athletic performance. Am. J. Hum. Genet., 73, 627-631, 2003.

Clarkson, PM et al.: ACTN3 genotype is associated with increases in muscle strength in response to resistance training in women. J. Appl. Physiol., 99, 154 - 163, 2005.

Qiu, J: Unfinished symphony. Nature, 441, 143-145, 2006.

＊本書は、『健康体力ニュース』（株式会社健康体力研究所）１００号から１８０号に連載された原稿の中から66編を選び、加筆修正を行い再編集したものです。

〔協力〕株式会社健康体力研究所
http://www.kentai.co.jp/
〔カバー写真〕©orion/amanaimages

著者略歴

石井直方（いしい・なおかた）

1955年、東京生まれ。東京大学大学院教授、理学博士。専門は運動生理学、トレーニング科学。1981年ボディビル ミスター日本優勝・世界選手権3位、'82年ミスターアジア優勝、2001年全日本社会人マスターズ優勝など、競技者としても輝かしい実績を誇る。エクササイズと筋肉の関係をベースにした健康や老化防止についてのわかりやすい解説には定評がある。

著書には、『筋肉学入門』『筋を鍛える』（以上、講談社）、『筋肉の大研究』（PHP研究所）、共著書には、『スロトレ』『体脂肪が落ちるトレーニング』（以上、高橋書店）、『楽しい、レジスタンストレーニング入門』（タッチダウン）、監修書には、『使える筋肉・使えない筋肉』『筋肉まるわかり大事典』（以上、ベースボール・マガジン社）、『大腰筋ダイエットで即効！　お腹やせ』（小学館）、『若返りホルモン・ダイエット』（スキージャーナル）などがある。

究極《きゅうきょく》のトレーニング
――最新《さいしん》スポーツ生理学《せいりがく》と効率的《こうりつてき》カラダづくり

二〇〇七年八月二八日　第一刷発行
二〇一五年一二月七日　第十一刷発行

著者――石井《いしい》直方《なおかた》
装幀――岩瀬　聡
本文組版・図版――朝日メディアインターナショナル株式会社

発行者――鈴木　哲　**発行所**――株式会社講談社
東京都文京区音羽二丁目一二―二一　郵便番号一一二―八〇〇一
電話　編集〇三―五三九五―三五二九　販売〇三―五三九五―三六〇八　業務〇三―五三九五―三六一五
印刷所――慶昌堂印刷株式会社　**製本所**――株式会社若林製本工場
落丁本・乱丁本は購入書店名を明記のうえ、小社業務あてにお送りください。送料小社負担にてお取り替えいたします。なお、この本の内容についてのお問い合わせは生活実用出版部　第一　あてにお願いいたします。
ISBN978-4-06-214098-0
定価はカバーに表示してあります。